FRANZ-PETER HUDEK

EXTRA-TOUREN FRANKREICH

Franz-Peter Hudek

auto motor und sport

Extra Touren Frankreich

Auto-Touren für Genießer

Motor buch Verlag

IMPRESSUM

Einbandgestaltung: Andreas Pflaum
Karten: auto motor und sport
Übersichtskarte Seite 7: Bernhard Spachmüller, Ingenieurbüro für Kartographie
Fotos: Archiv auto motor und sport

ISBN 3-613-01949-3

1. Auflage 1999

Lektorat: Joachim Kuch
Innengestaltung: Katharina Jüssen
Druck: Rung-Druck, 73033 Göppingen
Bindung: Nething Buchbinderei, 73235 Weilheim/Teck
Printed in Germany

INHALT

Reisen nach Lust und Laune: Zehn Auto-Touren in Frankreich

Autofahren. Zur Arbeit, zum Einkauf, zur Schule, in das Kino und in den Urlaub. Wege und Routen sind nahezu unbegrenzt, doch oft reine Pflichtübung, weil der Alltag die Ziele vorgibt.

Nicht so bei der Urlaubs-Reise. Hier kann der Fahrer frei bestimmen, wann es wohin gehen soll. Diese zeitlich begrenzte, aber umso intensiver empfundene Freiheit macht die Autoreise zum eindrücklichen Erlebnis, zum reinen Vergnügen. Daher ist das Auto nach wie vor das Urlaubs-Transportmittel Nummer eins, sei es der Mietwagen in Florida oder der eigene Wagen an der Nordsee.

Die Reihe Extra-Touren stellt einige jener Routen in Frankreich vor, auf denen das staufreie und lustbetonte Autofahren noch möglich ist. Das Buch enthält zehn Reportagen mit über 100 Fotos von der Cote d'Azur bis in die Picardie. Zehn Reisen, die mit reizvollen Fahrzeugen vom alten Mercedes-Coupé bis zum Venturi-Sportwagen unternommen wurden und damit das Lesevergnügen verdoppeln.

Zu jeder Tour gibt es eine Karte, Tips zu gemütlichen Hotels und empfehlenswerten Restaurants sowie eine Kurzbeschreibung des Reisefahrzeugs. Ladies and Gentlemen, start your engines.

1 Bordeaux
2 Baskenland
3 Südfrankreich
4 Paris
5 Le Mans
6 Champagne
7 Elsaß
8 Picardie
9 Monte Carlo
10 Nizza/Isola 2000

Im Cadillac Eldorado nach Cadillac, südöstlich von Bordeaux

Nach Cadillac im Cadillac: Ein Eldorado-Coupé bereist den Ort, der seinen Namen trägt. Geschichten und Erlebnisse aus Amerika und der französischen Provinz.

BORDEAUX

Morgennebel weicht den ersten Sonnenstrahlen.

Es soll eine Pilgerfahrt werden. Deshalb erzähle ich zur Einstimmung dem Fotografen Christoph Altmann die Geschichte der amerikanischen Automarke Cadillac. Zeit haben wir genug. Für die beinahe endlos lange Reise quer durch ganz Frankreich in das gleichnamige, südöstlich von Bordeaux gelegene Provinzstädtchen rechnen wir mit acht bis zehn Stunden.

Altmann, ein gestandenesbayerisches Mannsbild vom Ammersee, das zu Hawaiihemd und grünen Jeans gerne Haferlschuhe trägt, fährt privat einen BMW 320i und hatte bisher noch keinen richtigen Draht zur amerikanischen Nobelmarke. Trotzdem hört er zu.

Denn nach den ersten wenigen Autobahn-Kilometern und dem entzückten Ausruf, »Das Ding geht ja wie die Sau«, ist auch Altmann vom Caddy-Virus befallen. Zwar hat er vom Innenraum des wuchtigen Eldorado-Coupé mehr erwartet als die in schwarzes Leder verpackte Nüchternheit eines alten Mercedes 190, aber dieser

V8-Motor mit seinen gut 300 PS – einfach saustark.

Hinter dem Volant gewinnt er alle Beschleunigungsduelle nach den Mautstellen. Ansonsten ist die Cruise Control bei 130 km/h und die Climate Control bei 22 Grad

Endlich am Ziel: Der Cadillac Eldorado erreicht den Ort seiner französischen Ahnen.

Kühe grasen vor prächtiger Kulisse: Château de Roquetaillade bei Langon.

Celsius justiert: Zeit zum Erzählen.

Nun also die Cadillac-Geschichte, der Grund dafür, weshalb wir diese nicht gerade asketisch-büßerische, wenn auch etwas zeitraubende Pilgerfahrt durch Frankreich unternehmen.

Zu Beginn unseres Jahrhunderts gelten Henry Martyn Leland und dessen Sohn Wilfred als die besten Motorenbauer in der aufstrebenden US-Autometropole Detroit. Ihre kleine, aber feine Maschinenbau-Firma heißt Leland und Falconer. Leider finden sie für ihre soliden und daher teuren Motoren keinen Abnehmer bei den Autoproduzenten.

Das ändert sich jedoch schlagartig, als Vater und Sohn Leland an einem Augusttag des Jahres 1902 bei sich zu Hause die Herren William Murphy und Lemuel W. Bowen empfangen. Die Gentlemen suchen für ihre Detroit Automobile Company einen neuen Motorenpartner, nachdem sie den alten gerade gefeuert hatten, weil er nur Rennwagen baute. Er hieß übrigens Henry Ford.

Die Lelands einigen sich bald mit der Detroit Automobile Company; sie werden in Zukunft die Motoren und Getriebe liefern. Ein neuer Firmenname sollte die neue Ära signalisieren – Cadillac.

Antoine de la Mothe Cadillac war ein französischer Adeliger und Haudegen aus der Gascogne, der im späten 17. Jahrhundert mit einer Schar Soldaten im Norden Amerikas Land für König Ludwig XIV. requirierte. Am 24. Juli 1701 gründete Cadillac die Stadt »Ville d' Etroit«, das heutige Detroit. Cadillac starb im Jahre 1730 im Alter von 64 Jahren in seiner französischen Heimat.

Der Name Cadillac lebt aber bis heute weiter und wurde im Automobilbau zum »Standard of the World«. Daß dies kein schlechter, überheblicher Witz ist, dokumentiet die Vielzahl der von Cadillac eingeführten Technikneuerungen wie zum Beispiel 1915 der V8-Motor und 1928 gar der V16-Zylinder. Auch die Karosserien von Cadillac waren und sind mit wenigen Ausrutschern immer etwas schicker und bigger als die der Konkurrenz.

Wir bemerken dies mit unserem Eldorado beim

Die Winzer der Region sind harte Arbeiter und noch härtere Raucher.

Tanken. Zwischen den schmächtigen, französischen Baguette-und-Butter-Autos wirkt der blaue Gigant wie ein umgestürzter, motorisierter Monolith aus dem mythenumwobenen Steinkreis von Stonehenge.

Endlich Ankunft in Cadillac. Langsam rollen wir durch die stählerne Kastenbrücke, unter uns die träge fließende, spiegelglatte Garonne und vor uns das Schloß von Cadillac mit seinen dunkelblauen Dächern. Wir biegen auf die Hauptstraße ein, die an Cadillacs alter Stadtmauer entlang- führt. Ein turmbewehrtes Stadttor mit einer für unseren Cadillac zu schmalen Durchfahrt öffnet die hohe, braune Steinmauer, die den Ort auch heute noch vor den Hochwasserfluten der Garonne schützt.

Ein kleiner Lebensmittelladen in Cadillac: Tante Emma hat in Frankreich überlebt.

Wir wählen eine andere Route und fahren durch den kleinen Ortskern. Ein großes Rathaus aus dem 18. Jahrhundert mit offenem Arkaden-Untergeschoß, zwei kleine Cafés, ein Schreibwaren-, Mode- und ein Tabakgeschäft in den alten Häusern bestimmen die ruhige Szenerie, die seit 100 Jahren mit Ausnahme einiger Autos, Leuchtreklamen und der modernen Ladengeschäfte nahezu unverändert erscheint.

Am nächsten Morgen sind wir im Schloß von Cadillac die einzigen Besucher. Das Gebäude ist unmöbliert, auch Bilder und damit die Portraits von Cadillac fehlen. Wir erfahren durch eine Broschüre, daß Jean Louis de Nogaret de Lavalette, der spätere Herzog von Épernon, zwischen 1598 und 1620 das Schloß errichten ließ.

An der Kasse fragen wir die Karten- und Bücherverkäuferin, ob es im Ort vielleicht eine Madame oder einen Monsieur Cadillac gebe oder Hinweise auf deren Vorfahren. Ihre Antwort ist ernüchternd: »Ich kenne hier keine Cadillac, keine lebenden und keine toten.« Im 17. Jahrhundert, fügt sie hinzu, hätte eine junge Cadillac einen Sprößling aus der Herzogsfamilie geheiratet, aber seither verliere sich deren Spur.

Enttäuschung macht sich breit, denn der Name Cadillac ist in Cadillac mit Ausnahme des Ortsschildes tatsächlich wie ausgelöscht.

Claude Darroze in seinem schönen Restaurant, dessen Ausstattung mit Anklängen an barocke Bühnenmalerei glänzt.

Weder im Telefonbuch noch auf den Epitaphen der Weltkriegsopfer in der kleinen neogotischen Kirche taucht der Name auf. Eine Pilgerfahrt also ganz ohne Reliquien, Devotionalien und ohne die Begegnung mit einem leibhaftigen Cadillac? »Machen wir das Beste draus«, sagt der bayerische Fotograf mit einer gewissen Beckenbauer-Attitüde, »und schauen wir mal, was die Gegend hier so bringt.«

Wein natürlich, berühmten

Nachtleben in Sauveterre: ein Glas Pastis im Arkadencafé.

Wein wie zum Beispiel die Sauternes-Sorten. Westlich von Langon liegen die nahezu ebenen Weinfelder rund um das Dorf Sauternes. Der kalkhaltige und kiesreiche Boden ergibt zusammen mit dem aufwendigen Ernteverfahren, bei dem in mehreren Durchgängen immer nur die leicht angegorenen Trauben gelesen werden, den extrem fruchtigen Geschmack.

Henry de Vaucelles ist Verwalter des Weingutes Château Filhot.

So erklärt es uns Henry de Vaucelles, Verwalter des Weinguts Château Filhot. Die kleine Schildmütze, ein braunes, durch die Landarbeit verschmutztes Sakko und eine graue Wollhose kennzeichnen Monsieur de Vaucelles als Mann der Tat. Unentwegt

Romantisches Idyll für jedermann: Der verwilderte Park des Château Filhot ist frei zugänglich.

rumpelt er in seinem rostroten Renault Rapid-Transporter durch den Schloßpark, die Ernte ist voll im Gange.

Am dritten Tag fahren wir über Sauveterre nach Bergerac. Sauveterre besitzt wie viele Städte der Region einen quadratischen Platz als Ortskern, der mit bis zu 1000 Jahre alten, unverputzten Stein-Arkadenhäusern umstellt ist. Bergerac liegt an der Dordogne und zeichnet sich

Edmond Rostand in einem Bühnenstück verewigte Wort- und Degenfechter mit Kasperlnase stammte jedoch aus Paris und nannte sich nach seinem Familienbesitz, der ebenfalls Bergerac hieß.

Wir kehren am Abend wieder in das Hotel-Restaurant Claude Darroze in Langon zurück. Hier betreibt Meisterkoch Darroze sein feines Restaurant. Das luftig barockisierende Interieur und ebenso die aufmerksamen Kellner, die eher mit einem Augenzwinkern als mit wichtigtuerischem Räuspern die

durch eine schöne Altstadt mit filigranen Fachwerkhäusern aus. Der Name Bergerac erinnert natürlich an Cyrano de Bergerac, der hier mit einem Denkmal geehrt wird. Jener legendäre, 1897 von

Die Küchen-Mannschaft eines Restaurants in Bergerac stärkt sich bei einer frugalen Mahlzeit.

Auch in Bergerac, der Stadt des legendären, langnasigen Degenhelden, macht der Caddy eine gute Figur.

schön dekorierten Teller von den silbernen Warmhalte-Glocken befreien, tragen zu einer überaus freundlich-gelösten Atmosphäre bei – und natürlich auch der fruchtig-elegante Rote.

Wie könnte eine Pilger-

Sportlicher Cadillac
Das Cadillac Eldorado Touring Cou-pé beindruckt durch sein schnörkellos-elegantes Karosserie-Design und sein starkes Spurtvermögen bis zu einer Endgeschwindigkeit von 240 km/h. Dafür verantwortlich ist der moderne, 32ventilige, 4,6 Liter gro-ße V8-Motor mit 305 PS, der jedoch im Vergleich zu den alten,großvolumigen Zweiventil-V8-Maschinen auf hohe Drehzahlen angewiesen ist. Der funktional gestaltete Inneraum bietet Platz für vier Erwachsene. Das 5,14 Meter lange Reise-Coupé ist nur über freie Importeure erhältlich und kostet mit Lederausstattung zirka 100 000 Mark.

fahrt besser enden? Wir suchten nach Toten und fanden Lebendiges: ein wenig bekanntes Stück Frankreich, in dem Fremde nur selten auftreten und sich dennoch nicht wie in der Fremde fühlen.

Franz-Peter Hudek

>>>

Im Caddy durch Aquitaines Norden: Reisetips

Das **Klima** der Grenzregion der nördlichen Aquitaine zum Périgord steht noch unter Golfstrom-Einfluß und zeichnet sich daher durch milde Winter und recht warme Sommer aus: Die Temperaturen erreichen das Niveau der Côte d'Azur.

Die **Anreise** kann neben der reinen Autobahnroute, Saarbrücken, Metz, Reims, Paris, Tours und Bordeaux, (Mautgebühren hin und zurück zirka 250 Mark) auch direkt erfolgen: Autobahn bis Lyon, dann über Clermont-Ferrand und Brive-La Gasillarde (Autobahn und ausgebaute Landstraßen) direkt nach Bergerac. Dadurch halbieren sich die Mautkosten.

Das Hotel-Restaurant von Claude Darroze in Langon bietet gediegenen Komfort (Doppelzimmer ab 150 Mark). Ebenfalls schöne **Zimmer** in einer eleganten Umgebung besitzt das Hotel Chateau de la Tour in Cadillac (Doppelzimmer ab 180 Mark). Die meisten Hotels bietet Bergerac, wie La Flambé, France oder das Relais du Petit Prince (ab 100 Mark das Doppelzimmer) und mit allen Freizeit-Einrichtungen das sehr komfortable Manoir Grand Vignoble (ab 150 Mark). Weitere Infos unter Tel. 0033/56/ 017000.

Das **Essen** rückt bei einem Besuch in Cadillac gegenüber dem genußvollen **Trinken** in den Hintergrund: Cadillac ist idealer Ausgangspunkt für Wein-Exkursionen. Der Ort liegt im Grenzgebiet der Regionen Premières Côtes de Bordeaux, Loupiac, Cérons, Gabarnac, Sainte-Croix-du-Mont und Sauternes et Barsac. Neben den Sauternes-Sorten mit dem Weingut Château d'Yquem bieten auch die weniger bekannten Premières Côtes de Bordeaux feine, kräftige vollblumige Weißweine und feurige, farbkräftige, edle Rotweine.

Zu den **Sehenswürdigkeiten** zwischen Cadillac und Bergerac und auch entlang der Garonne gehören unzählige Weingüter und Schlösser in nahezu allen Stilarten zwischen Mittelalter und 19. Jahrhundert. Besonders schöne Beispiele sind das Wasserschloß La Brède, Château de Roquetaillade oder Château Malromé, in dem der Maler Toulouse-Lautrec seine Sommer verbrachte und am 9. September 1901 verstarb. Ebenso typisch für die Region sind Städte wie Sauveterre, Eymet oder St. Macaire mit alten, von Arkadenhäusern umrahmten Stadtkernen. Romanik- und Gotik-Fans kommen ebenfalls auf ihre Kosten: Bergerac, La Réole, St. Macaire und Bazas bieten eindrucksvolle Kloster- und Kirchenanlagen mit gut erhaltenen Steinskulpturen.

Da die zwischen Cadillac und Bergerac bereiste Region noch kaum vom Tourismus entdeckt ist und zudem auf dem Randgebiet zweier Landschaften liegt, reduziert sich das **Literatur-Angebot** auf die bewährten Michelin-Führer »Pyrenées/Aquitaine« und »Perigord/Quercy« (jeweils 25 Mark) und die Michelin-Karte Nr. 243 »Aquitaine« (14,80 Mark). Den Freunden der Marke Cadillac sei noch das Buch von Peter Ruch »Cadillac. Standard of the World« empfohlen (Motorbuch-Verlag, 98 Mark).

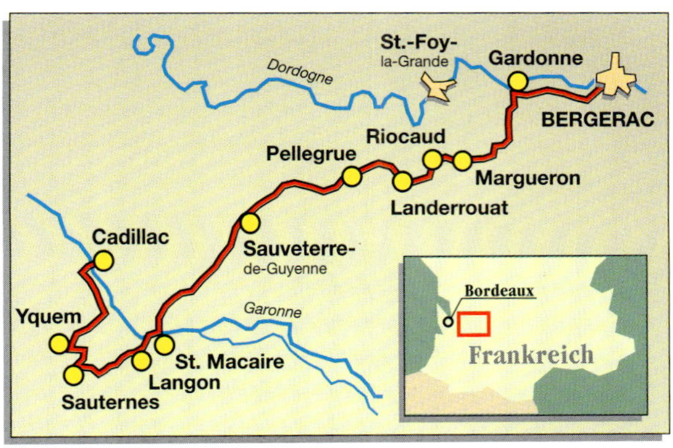

BM NM 168

Kulinariktour durch das Baskenland

Ein bequemes französisches Auto wie der Renault Safrane lädt zu genußreichen Feinschmecker-Touren ein. So auch im Land der Basken, deren Küche die Vielseitigkeit der Landschaft widerspiegelt. Kulinarik-Autor Gerd von Pazcensky berichtet von seiner Autotour durch Frankreich, die ihn auch zu Tintenfischen und Mastgänsen führte.

Autoreisen ohne Ampeln und Highway-Hektik.

Die Anlehnung der Basken an den französischen Lebensstil hinterläßt im Straßenverkehr die nachhaltigsten Spuren. Zahlreiche parallel verlaufende schwarze Gummistriche auf dem hellgrauen Asphalt zeugen von einer Fahrkultur, die sich traditionell das Formel 1-Idol Alain Prost zum Vorbild nimmt. Vor allem in Ortschaften oder beim Überholen in Kurven gibt der Baske seinem Kleintransporter von Citroen, seinem Renault Clio oder Peugeot 205 beherzt die Sporen.

Den Fremden jedoch bremsen nicht nur die gebührende Vorsicht, sondern auch geschwärzte Wegweiser. Aus Protest dagegen, daß anstatt der baskischen die französische Schreibweise der Ortsnamen auf den Wegweisern steht, sprühen nationalbewußte Einheimische oftmals

Die Einsamkeit der baskischen Berghöfe wirkt im warmen Abendlicht überaus anziehend.

schwarze Farbe aufs Schild. Der Fremde kann sich dagegen mit den französischen Ortsnamen durchaus anfreunden. St. Jean-de-Luz geht ihm nämlich wesentlich gelenkiger über Gaumen und Zunge als das baskische Donibane Lohitzun – womit wir beim Thema wären.

Als Startpunkt für eine Kulinarikreise in das Baskenland empfiehlt sich das mondäne Biarritz mit seinen alten Traditions-Hotels, das nur wenige Kilometer von St. Jean-de-Luz entfernt an der Atlantikküste liegt. In Biarritz gibt es nach meinem Eindruck das wohl beste Restaurant dieses Küstenstreifens, das den Meßlöffel für die nächsten Tage bereits auf ein hohes Niveau legt.

Küchenchef Didier Oudill übernahm erst vor einigen Jahren das elegante Café de Paris und richtete in seiner Nobelherberge neben seinem Spitzenrestaurant noch ein Bistro ein, das Bellevue, in dem man wesentlich weniger

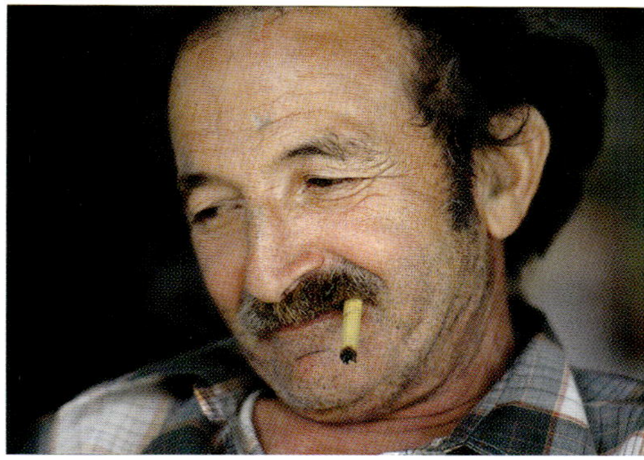

Die Basken genießen auch kleine Freuden in großen Zügen.

für gutes Essen ausgibt. Oudill verdiente sich mit dem Café de Paris zwei Michelin-Sterne, nicht nur wegen seinen meisterhaften Klassikern der Großen Küche, sondern wegen seiner Kunst, mit Gewürzen und Kräutern den Gerichten einen ganz originellen guten Geschmack zu geben.

In Biarritz führt die Schlemmer-Route zunächst in Richtung St. Jean-de-Luz mit seinen ausgedehten und üppig bevölkerten Badestränden. Von hier aus lockt normalerweise die Corniche

Das Restaurant Ithurria in Ainhoa hält, was es von außen verspricht.

Basque den Autofahrer in Richtung Spanien mit eindrucksvollen Aussichten auf den Atlantik. Der Kulinarik-Reisende wählt jedoch die D 918 landeinwärts in Richtung Ascain. Die Straße ist kurvenreich und bietet wunderschöne Ausblicke auf die Pyrenäen.

In Ainhoa mit seinen typisch baskischen Häusern, die dank ihres filigranen Fachwerks zwar alpin, aber dennoch nicht wuchtig wirken, steht eine alte Kirche mit einer traditionellen, dreistöckigen Galerie in ihrem Inneren. Dort sitzen wie eh und je die Männer der Gemeinde und behalten den Überblick. Die Frauen knien unten im Kirchenschiff.

Nicht weit davon entfernt liegt das Restaurant Ithurria. Es hat einen gepflegten Speisesaal, rustikal mit einem Schuß Eleganz, und hier schmecken einige Spezialitäten der Gegend besonders gut, etwa die Piquillos (milde eingelegte Pfefferschoten, mit Stockfischmus gefüllt)

Die gebündelten Pfefferschoten trocknen in Unmengen an den Häuserfronten.

Nur leicht scharf: Pimentos – Pfefferschoten.

oder baskisches Cassoulet mit Ente, deren Haut verblüffend lange knusprig bleibt.

Das Cassoulet ist ein Bohneneintopf mit Fleisch, für den anstelle der weißen Bohnen rote und schwarze Exemplare verwendet werden.

Aus dem Nachbarort Espelette stammen die für die baskische Küche unentbehrlichen Pimentos. Die gebündelten roten Pfefferschoten trocknen in Unmengen an den weiß getünchten Häuserfronten und wirken zusammen mit den hellbraunen Tür- und Fensterläden frisch und

Das Euzkadi in Espelette, berühmt für seine deftige Küche.

appetitlich. Sie schmecken auch hervorragend und sind nur leicht scharf.

Außer den Pimentos, denen im Herbst ein eigenes Fest gewidmet ist, glänzt Espelette mit dem Hotel und Restaurant Euzkadi. Es befindet sich neben dem Pferdemarkt, ein schönes, behäbiges altes Haus mit riesigem Speisesaal, und es ist berühmt für seine traditionelle rustikale Küche mit großen Portionen. Sind alle Plätze besetzt, ist die Stimmung heiter, der Service langsam. Hier wird das Asxoa (Kalb) von Pimentos und Bratkartoffeln mit viel Knoblauch begleitet. Zum Schluß wird wohlschmeckender einheimischer Schafskäse gereicht.

Schließlich liegt Espelette an der Käsestraße (D 918), die vom Hafenstädtchen St. Jean-de-Luz nach St. Jean-Pied-de-Port führt. Braune Schilder mit der Aufschrift Route de fromage kennzeichnen jene Orte, in denen man bei Bauern den Brebis, ein

Alt, hart und schmackhaft: der berühmte Brebis-Käse aus Schafsmilch.

harter, alter Schafskäse, probieren und kaufen kann. Der kräftige Schnittkäse ist eine Spezialität der Béarn-Region und des Baskenlandes. Die Schafsherden, die ihn produzieren, bevölkern als weiße Flecken die üppig grünen Bergwiesen.

St. Jean-Pied-de Port ist ein lebhafter Marktflecken dicht an der spanischen Grenze mit einem höchst lebendigen alten Viertel. Darin liegt auch das beste Hotel und Restaurant in weiter Umgebung, Les Pyrenées. Die kräftig-ländliche Küche bietet verfeinerte

Das Baskenland ist eine verschwiegene Weinregion für Entdecker und Genießer.

lokale Gerichte, worüber Zubereitungen von Kalbskopf und Schweinsfuß oder Milchlamm, ein junges, nur mit Milch genährtes Lamm von den Pyrenäenwiesen, vortreffliches Zeugnis ablegen. Auch seine feinen, französischen Gerichte sind hervorragend, und selten findet man so perfekt saftige, nicht zu weiche Langustinen.

Am Rande der Stadt beginnt eine bemerkenswerte Weingegend. Das Iroléguy ist eine der kleinsten Apellationen Frankreichs und für viele, die diesen Wein zum ersten Mal kosten, überraschend gut. Da lohnt es sich durchaus, von der dortigen Star-Winzerfamilie Brana, die ihren Weine erst seit zehn Jahren anbaut, ein paar Flaschen mitzunehmen, besonders den guten, frischen weißen. Auch die fruchtigen und milden Obstbrände sind es wert, dem Hinweisschild an der Straße in St. Jean-Pied-de-Port zu folgen.

Die Kooperative der Irouléguy-Weine sitzt in St. Etienne-de-Baygorry, etwa elf Kilometer westlich von St. Jean. Eine Weinprobe lohnt sich, der rote Domain de Mignaberry schmeckt besonders gut. Am Ufer des Baches gegenüber der Kirche liegt ein hübsches und ruhiges Hotel, das Arcé. Vor allem Gäste aus England essen hier gerne zu Mittag oder zu Abend – ein deutliches Warnsignal für den Gourmet.

Die Gerichte im Arc sind zwar deftig, doch nicht

besonders gewürzt, und auch die wenigen typisch baskischen Spezialitäten bringen es fertig, eher englisch zu schmecken, also langweilig schwach wie zum Beispiel das Piperade. Dabei sollte das Omelette aus Paprikaschoten, Zwiebeln und Knoblauch, manchmal auch mit Schinken oder Würstchen, durchaus einen nachhaltigen Geschmack besitzen.

Nach dem Béarn-Städtchen Sauveterre mit seiner malerischen Ruine einer torbewehrten Brücke erwartet den Kulinarik-Touristen in Bayonne nahe der Atlantik-Küste ein furioses Finale. Bei François Miura oder einfacher, im Escualduna, vereinigen sich die Produkte von Meer und Bergen zu Höhepunkten der baskischen Küche.

Miura kombiniert gefüllte chiprions (Tintenfische) mit Schweinsfuß, aber auch vortrefflich Pilze mit Lamm, ohne die Geschmacksnuan-

Der Blick von der Corniche Basque hinunter auf den Atlantik erfordert Standfestigkeit.

cen der einzelnen Zutaten zu überdecken. Im Escualduna lohnen auch Tintenfische und die mit Stockfischpüree gefüllten kleinen roten Pimentos. Vom Cheval Blanc, das die Restaurantführer rühmen, ist jedoch abzuraten: steife, gestelzte Atmosphäre, ungeschickter Service, sehr ungleichmäßiges Essen und überhöhte Preise.

Im übrigen sollte der Feinschmecker auch mal einen Enten- oder Gänsebraten bestellen oder sich als Vor-

Ab nach Ainhoa: alte Allee am Ortsausgang von Sare.

speise eine Terrine mit Gänseleberpastete gönnen. Die weit verbreiteten Greuelmärchen über die angeblich kranken Lebern von Stopf-Geflügel kann man getrost vergessen. Diese Tiere sind seit Tausenden von Jahren als

Safrane
– Komfortlimousine von Renault
Das bereits im Frühjahr 1992 vorgestellte Spitzen-Modell von Renault ist in Deutschland eine Rarität, obwohl die französische Staatskarosse durchaus ihre Vorzüge hat: sehr gutes Platzangebot, hoher Federungskomfort, reichhaltige Ausstattung und eine gute Verarbeitungs-Qualität.
Das Vierzylinder-Modell mit 136 PS und zwei Liter Hubraum kostet 51 800 Mark.

Wandervögel darauf eingestellt, sich selbst zu mästen, um große Flugstrecken zurücklegen zu können.

Dies gilt natürlich nicht für den Autofahrer auf Schlemmertour. Er sollte sich den baskischen Spezialitäten in Maßen und bevorzugt am Abend widmen, wenn das Fahrzeug schon vor dem Hotel parkt.

Gerd Pazcensky

>>>

Tips für Kulinarik-Trip: Reise im Baskenland

Das **Klima** an der Atlantikküste bei Biarritz ist mit der Côte d´Azur-Region vergleichbar: milde Winter mit durchschnittlich zehn Grad Außentemperatur, im Sommer 20 bis 25 Grad. Das gleiche gilt für die windgeschützten und nicht hoch gelegenen Pyrenäenorte.

Wer sich die rund 1300 Kilometer lange **Anreise** mit dem Auto nach Biarritz ersparen will, kann mit der Air France von Frankfurt nach Bordeaux fliegen und dort einen Mietwagen nehmen (Flugpreis hin und zurück zirka 1000 Mark, von Bordeaux nach Biarritz 200 Kilometer Autofahrt). Für die Autobahngebühren quer durch Frankreich sind hin und zurück etwa 260 Mark zu veranschlagen (Frankfurt–Biarritz über Lyon–Toulouse oder Tours–Bordeaux, Paris weiträumig umfahren).

Zu den wichtigsten **Sehenswürdigkeiten** des westlichen Baskenlandes zählt die Landschaft. Als Gegenstück zur hochgelegenen Küstenstraße Corniche Basque empfiehlt sich die Route impériale de Cimes, eine alte napoleonische Militärstraße, mit besonders schönen Ausblicken auf die Pyrenäen (D 22 von Bayonne nach Hasparren). Neben dem malerischen Fischerei-Hafen und der größten baskischen Kirche St.-Jean-Baptiste zählt in St. Jean-de-Luz auch das Haus Ludwigs XIV. zu den Attraktionen. Der Sonnenkönig heiratete 1660 in Bayonne die spanische Prinzessin Maria Theresia und logierte in St. Jean-de-Luz.
Das baskische Museum in Bayonne ergänzt mit seiner umfangreichen Sammlung an Alltagskultur die Kulinarik-rundreise. Es würdigt auch die berühmten Söhne des Landes, darunter den Komponisten Maurice Ravel. Nähere Infos: 0033/561135555.

Restaurant-Empfehlungen,
Ainhoa: Ithurria, Place principale,
Bayonne (jeweils in der Altstadt): François Miura, 24 Rue Marengo;
Euskalduna, Rue Pannecau;
Biarritz: Café de Paris, 5 Place Bellevue;
Espelette: Euzkadi, Rue principale;
Eugénie-les-Bains: Les Prés d´Eugénie;
La Ferme aux Grives, deftige Menüs mit interessanter Auswahl;
Salies-de-Béarn: La Terasse, Place église;
St. Etienne-de-Baygorry: Hotel Arcé;
St. Jean-de-Luz: Le Tourasse, 25 Rue Tourasse; Txalupa, Place Loius XIV;
St. Jean-Pied-de-Port: Les Pyrenées, 19 Place Général de Gaulle;
Abseits der beschriebenen Route sind außerdem empfehlenswert:
St. Esteben (etwa elf Kilometer südöstlich von Hasparren an der Straße zu den Grotten von Oxocelhaya): Chez Onesime, gut, eher fein bei rustikalem Dekor, nicht billig;
Urt (westlich von Bayonne am Adour-Fluß): Auberge de la Galupe, place du Port, sehr gute Küche und Weinkarte, obere Preisklasse;
Zur Orientierung eignen sich am besten die Michelin-**Straßenkarte** Nr. 78 »Bordeau, Dax, Biarritz« (12 Mark) und der nur in französisch verfügbare Michelin-**Führer** »Pyrénées, Aquitaine, Côte Basque« (25 Mark).

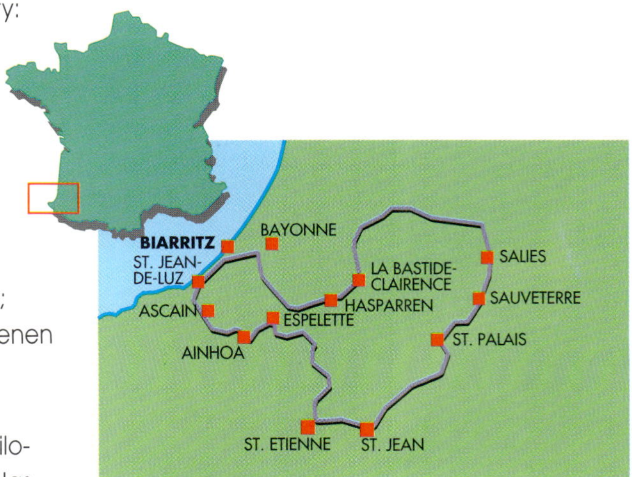

Corniche de l'Esterel: noch Natur auf roten Porphyr-Klippen.

Südfrankreich im alten Mercedes 280 SE-Coupé

Die Côte d'Azur, in Mythen einbetonierte Traumküste am Mittelmeer, bietet immer noch kleine Reservate zum gestrigen Individualismus. Ein beinahe 30 Jahre altes Automobil und noch ältere Reiseführer führen zurück in eine Zeit, als St. Tropez und Monaco noch so unerreichbar schienen wie der Stern des Südens.

Die dämmrige Balance zwischen Tag und Nacht, und Tag, in der Licht und Schatten zu milder Ruhe ineinanderfließen, malt noch immer jenes zeitlose Bild der Côte d'Azur, auf dem Postkartenklischees zu lebendiger Romantik erwachen: Eine einigermaßen leere Promenade des Anglais, der bizarre

Nizza, Promenade des Anglais: Die Glanzlichter früherer Epochen überstrahlen die Gegenwart.

Kontrast zwischen Palmen und den letzten Leuchtzeichen der Belle Époque ergeben diese bewußte Stimmung, die jedes Pärchen in Prinz und Tänzerin und jeden

Wagen in ein klassisches Mercedes-Coupé verwandelt.

Zu allen anderen Tages- und Nachtzeiten verbinden sich Einzel- und Massentourismus, Luxus- und Pauschalreisen zur Flut von zu vielen Menschen und zu vielen Autos, die zwischen St. Tropez im Westen und Monaco im Osten in trägen Kolonnen hin- und herschwappt. Auch die früheren Reservate, als Geheimtips der wahren Côte d'Azur abseits der größeren Orte in Buchten und Tälern versteckt, haben ihre Reize inzwischen gewissermaßen für Souvenir-Supermärkten konfektioniert: Die individuelle Riviera ist fast nur noch in alten Reiseführern zu finden.

Im Taschenbuch für Frankreichfahrer, 1954 erschienen, war die Côte d'Azur noch Synonym unbefleckter Idylle: »Das ruhige blaue Meer, in dem wir fast das ganze Jahr über baden können, fröhliche Menschen bei der Arbeit, Paläste der

Reichen und die Campingplätze glücklicher Touristen.«

Baedekers Frankreich faßte dann 1960 mit dem Satz »Wegen ihrer einzigartigen Naturschönheiten und des außerordentlich milden Klimas ist die Côte d'Azur die von Fremden am meisten besuchte Landschaft Frankreichs« zusammen, was ein gewisser Guy de Maupassant im vorigen Jahrhundert etwas ausschweifender so formulierte: »... durch dieses Paradies von Rosen, durch diesen Wald von Orangen, durch dieses Reich der Düfte, diese Heimat der Blumen, längs der wunderbaren Küste, die von Marseille bis Genua reicht.«

Wie fährt der Tourist mit Geschmack und Stil heute diese Pracht der Geschichte ab? Anhand alter Reiseführer

Schöner Parken: Im Hafen von St. Tropez müssen die Top-Parkplätze frühzeitig belegt werden.

eben, ohne die Distanz der Jahre außer acht zu lassen. Merksätze wie »Die kleinen Küstenorte führen auch während der Saison ein bescheidenes Leben« aus dem Jahr 1954 wirken heute als grelle Parodie, weil 1991 noch immer gilt, was der Bertelsmann-Reiseführer »Urlaub an der Riviera« schon 1961 bemerkte: »... eine Unzahl von Autos aus aller Herren Länder, die die schönsten Fleckchen zu einem einzigen Parkplatz machen.«

Auch die Jugendliebe, 1961 noch so schmollmündig reizend wie die damalige St. Tropez-Nixe Brigitte Bardot, ist 40 Jahre später für einen Ausflug in die Erinnerung zu verwittert. So bleibt statt der alten Gefährtin nur das alterslose Gefährt, eines jener klassischen Automobile, die damals wie heute Traumwagen sind.

Der Mercedes-Benz 280 SE 3,5 Coupé, von 1969 bis 1971 gebaut, fühlt sich auch rund 30 Jahre später noch an wie die moderne automobile Version jenes legendären Train Bleu, der die Pariser Gesellschaft zur Jahrhundertwende in rauschender Nachtfahrt an die Spielbanken und Vergnügungspaläste des Mittelmeers dislozierte.

Die einzige Feierlichkeit des Augenblicks, als der Mercedes zwischen Lastwagen und Autobussen und Wohnmobilen und Kleinwagen mit Dachgepäckträgern bei Lyon

Reich oder schön? Am besten beides – zumindest an der Côte d'Azur.

auf die Autoroute du Soleil einfädelt, wird von der Lenkung zelebriert. Die 22 Jahre alte, servounterstützte Kugelumlauflenkung läßt das Prachtcoupé aus dem rollenden Mercedes-Museum mit

Auch Ausflüge in das bergige Hinterland meistert der Mercedes souverän und gelassen.

der eleganten Würde einer Yacht gen Süden schwenken.

Auf dem kurvigen Bergsträßchen von Le Luc über La Garde-Freinet, in der kargen Einsamkeit des Massif des Maures, verwandelt der 280 SE 3,5 Erinnerungen in aktuelle Bilder: So war's mit dem großen Facel Vega-Coupé HK 500 im Jahr 1960, so war's auch noch mit dem Iso Rivolta GT sechs Jahre später, und so war's sogar noch mit einem Lancia Gamma Coupé 1979: der Duft und die Farben, das Licht und das Meer.

St. Tropez hat schon früh die Unschuld des Fischerdorfs mit 5000 Einwohnern verloren, bemerkte der Bertelsmann-Führer »Urlaub an der Riviera« doch bereits 1961 »das durch Filmleute heraufbeschworene mondäne Treiben der oberen Zehntausend, deren Luxusyachten im Hafen ankern. Bar reiht sich an Bar, der Whisky fließt in Strömen«, während der Schriftsteller Gregor von

Rezzori auch heute »ein malerisches Küstennest, selbst im Oktober noch sonnig, adrett, idyllisch leer« preist.

Die unerbittliche Sucht nach neuen, neueren und neuesten fahrbaren Statussymbolen hat auf den Quais rund ums alte Hafenbecken zwischen Yacht- und Bar-Meile zum Salto Mortale geführt: Harley-Davidson für Männer wie aus der Zigarettenwerbung, während die emanzipierte berufstätige Frau Mini nicht als Rocklänge trägt, sondern fährt – als Mini Moke oder Mini Cooper.

Die drei großen Städte der Côte d'Azur sind mit Halbinseln gesegnet, die von der sechsspurigen Hektik moderner Urlaubsmetropolen wie natürliche Stege in den Glanz persönlicher Sommerfrischen führen: Cap d'Antibes vor Cannes, Cap Ferrat vor Nizza und Cap Martin vor Monaco. Die schmalen gewundenen Sträßchen werden von akkurat geschnittenen

Das elegante Boule-Spiel ist im Süden französischer Nationalsport.

Hecken, von schmiedeeisernen Zäunen und stuckverzierten Mauern begrenzt.

In dieser Umgebung entdeckt der 280 SE 3,5 auch in der Hand des einfachen Piloten seine Vergangenheit als

Segelboote warten geduldig auf die Sonne und ihre sonnenhungrigen Besitzer.

Sänfte ergrauter Playboys und als automobiles Abenteuer seitenspringender Millionärsgattinnen, eben den Benz in sich. Das Coupé schwebt noch eine Spur majestätischer an jenen Hoteltempeln wie Hotel du Cap d'Antibes und Grand Hotel du Cap Ferrat vorbei, die sich durch aberwitzige Preise zu Luxusoasen abgekapselt haben.

Die Genußfunktion der Mobilität hat sich seit Onassis' Zeiten vor die Küste – auf das Meer – verlagert. Jene Jaguar, Rolls-Royce und Aston Martin, die die dominierende Turiner und Mailänder Gesellschaft an den Wochenenden ihren dunkelblauen Werktag-Fiat vorzieht, haben reine Zubringer- und Transportfunktion zu den Yachthäfen von Théoule-sur-

Immer noch einer der weltweit begehrtesten Liegeplätze:
der Hafen von St. Tropez.

Typisch Frankreich: Straßen mit dem liebenswerten Flair von gestern.

Mer, Beaulieu und Menton.

Denn neben dem Hotel Carlton in Cannes sind die Rolls-Royce Corniche Convertible schlicht zu mieten; und auf dem Flanier-Boulevard Croisette gerät der als schneidige Fahrdemonstration geplante Auftritt eines Ferrari F 40 mit Offenbacher Kennzeichen zum Stop-and-Go zwischen Touristenbussen. Immerhin muß der verhinderte Rennfahrer beim Boxenstopp nur eine rutschende Kupplung und verölte Kerzen statt eines überdrehten Motors melden.

Die Panorama-Scheibe des 280 SE 3,5 Coupé, an den Seiten wie eine Kuppel gerundet, verändert den Blick hinaus in die Betrachtung eines exotischen Aquariums, ähnlich dem berühmten Ozeanographischen Museum in Monte Carlo. Die Côte d'Azur verwandelt ihre Bewohner und Besucher in Zierfische oder Pfaue – nach Gregor von Rezzoris Beobachtung: »Das gutgewachsene junge Mädchen, der athletische junge Mann haben jegliche Chance, ob sie mit der eigenen Drei-Master-Yacht angekommen sind oder per Autostopp. Als Gepäck genügt ein schmaler Badeslip.« Doch andererseits sellte der Einheimische Pascal Morché gnadenlos fest: »Nur außerordentlicher Reichtum oder zynischer Witz helfen hier gegen Zellulitis und Kahlköpfigkeit.«

Die Pfade zur Ruhe, zur Natur, zum grandiosen Panorama-Blick über die Steilküste, zum einsamen Liegestuhl am Strand sind trotz Tourismus-Industrie vereinzelt noch so vorhanden wie damals beschrieben. Man muß die Corniche de l'Esterel nur befahren, wenn eine schwache rote Sonne die blaue Frische der Nacht von Straße, Meer und Himmel dampfen läßt und die Restaurant-Terrassen in Eze Village erst betreten, wenn die untergehende Sonne nur noch glimmt.

Die Zeit dazwischen vergeht am gepflegtesten mit jenem hochentwickelten Nichtstun, das von den ersten Touristen an der Côte, dem englischen Hochadel im vorigen Jahrhundert, so ausdauernd gepflegt worden war. Den Weg dorthin zeigen alte Reiseführer und ein klassisches Coupé.

Eckhard Eybl

Anmutiges V8-Coupé: Mercedes 280 SE 3.5

Das von 1969 bis 1971 gebaute Mercedes Coupé mit einem 200 PS starken und 3,5 Liter großen V8-Motor ist heute ein gesuchter Klassiker. Gut erhaltene Exemplare erzielen Preise von über 50 0000 Mark. Damals kostete das 280 SE 3.5 Coupé ca. 25 000 Mark.

Typisch Côte d'Azur: Frische Meeresfrüchte warten auf Restaurant-Gäste.

>>>

TIPS FÜR EXTRA-TOUREN

Die Côte d'Azur ist das mit Touristen-Unterkünften am dichtesten besiedelte Feriengebiet Europas. Aus dem ebenso unübersichtlichten wie endlosen Angebot leuchten die Klassiker noch immer am hellsten: die Belle Époque-Tempel wie das Carlton (F-06400 Cannes 58, La Croisette), Negresco (F-0600 Nizza, Promenade des Anglais) und das Hôtel de Paris (9800 Monaco Monte-Carlo Place Casino) sowie die Edel-Strandhäuser Hôtel du Cap Antibes (F-06600 Antibes, Boulevard Kennedy), Grand Hotel du Cap Ferrat (F-06230 St.-Jean-Cap-Ferrat), La Reserve (F-06310 Beaulieu-sur-Mer, Boulevard Mrc.-Leclerc). Mit schönstem Blick über die Steilküste: Vista Palace (F-06190 Roquebrune-Cap-Martin, Grand-Corniche) und Chateau d la Chèvre d'Or (F-06360 Eze-Village) – alle mit Zimmerpreisen ab 500 Mark. Hotels wie das Hôtel da la Corniche d'Or (F-06590 Miramar-Théoule-sur-Mer), das Le Baou (F-83350 Ramatuelle) bei St. Tropez oder das Frisia (F-06310 Beaulieu-sur-Mer) am Yachthafen von Beaulieu werden einfacheren Ansprüchen mit Zimmerpreisen ab etwa 200 Mark gerecht.

Mildes **Klima** und einzigartige Lichtverhältnisse hatten die Côte d'Azur – speziell in der ersten Jahrhunderthälfte – in ein einziges Freiluftatelier für Titanen wie Picasso, Matisse, Chagall, Léger, Renoir verwandelt, deren Erbe von vielen Museen gepflegt wird: Picasso-Museum in der Grimaldi-Burg von Antibes, Musée National Fernand Léger in Biot bei Antibes, Musée National Message Biblique Marc Chagall in Nizza, Fondation Maeght in St.-Paul-de-Vence, Chapelle du Rosaire von Matisse im Dominikanerkloster von Vence. Künstlerorte wie Vence, St.-Paul-de-Vence oder Eze Village sind selbst längst natursteinerne Sehenswürdigkeit.

Das Angebot an aktuellen **Südfrankreich-Führern** ist recht groß, daher eine kleine Auswahl. Für den Einstieg und Kurztrip: Marco Polo-Reiseführer (12,80) und die immer sehr aktuellen Michelin-Führer (25 Mark); mit viel Kultur und Landesinformationen: Baedeker Provence und Côte d'Azur (29,80 Mark) sowie Dumont richtig reisen Provence und Côte d'Azur (39,80 Mark); mit vielen Insider- und Low Budget-Tips: Müller Reisehandbuch Provence und Côte d'Azur (39,80 Mark). ADAC-Karte 1: 150 000 (12,80 Mark).

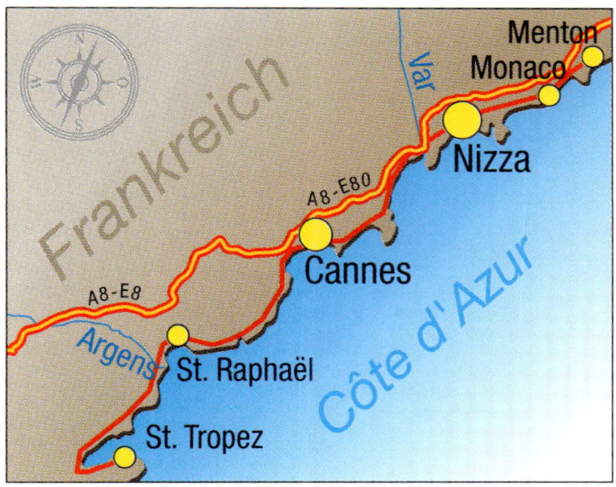

Dragstrip Paris – Unterwegs zwischen Louvre und Grande Arche mit einem Kawasaki Musclebike

Der Name des Motorrads als Reiseprogramm: Kawasaki Eliminator. Auf dem Intercity-Dragstrip zwischen dem Louvre und dem monumentalen Neubauviertel. La Défense stellt sich die Muskel-Kawa dem brodelnden Paris-Verkehr.

Immer geradeaus: Der Arc de Triomphe und die Grande Arche weisen den Weg durch Paris.

PARIS

Die Reise-Route geht zehn Kilometer nur geradeaus. Sie führt mitten durch Paris, Europas Motorrad-Hauptstadt, auf deren Straßen die Bikes die unumschränkten Herrscher sind. Gut zwei Dutzend Ampeln und zwei weiträumige Kreisverkehr-Plätze

Beim Überqueren der Seine werden die ersten Hochhäuser von La Défense mitsamt der Grande Arche sichtbar.

sorgen für Kurzweil. Beim Endspurt über die Seine und dann im unterirdischen Betongedärm von La Défense fahren die Wildesten

Verdiente Pause nach den Ampelsprints: Die Eliminator glänzt auf der Champs-Élysées mit Chrom und gelbem Lack.

der Wilden Autobahn-Tempo.

Auf diesem gleichermaßen heroischen wie mondänen Dragstrip – immerhin wird auch die Avenue des Champs-Élysées bereist – braucht man ein wendiges Bike mit guter Beschleunigung und mit einer der Pariser Haute Couture angemessenen Optik, kurz: ein Mittelding zwischen Cruiser, Roadster und Musclebike, am

Ein Traum in Chrom: Die Kawasaki ist ein Bike mit besonderem Charakter.

besten die gelbe Kawasaki Eliminator.

Die Eliminator ist, was sich sonst kaum von einem japanischen Motorrad sagen läßt, nahezu einzigartig. Der lange Radstand, die vielen Chromteile, das dicke Hinterrad und das Entenbürzelheck gemahnen zwar an einen Chopper, doch der quirlige, wassergekühlte Reihenvierzylinder-Motor mit Kardanantrieb schlägt jeden Fransenträger in die Flucht. Die Eliminator ist trotz der provokanten Dragster-Optik robust und alltagstauglich, kann aber in 4,2 Sekunden von null auf 100 km/h beschleunigen.

Im Augenblick bummle ich jedoch, gewandet im schwarzen Fahreranzug, noch langsam über die Place de la Concorde. Große Springbrunnen, der berühmte ägyptische Obelisk und goldfarbene Eisenzäune bilden das dekorative Infield des innerstädtischen Ovalkurses. Im Südosten ragt die Spitze des Eiffelturms über Häuser und Bäume.

Ganz locker umrunde ich jetzt den Louvre, fahre auf der Einbahnstraße zwischen der Palastfassade und der Seine-Kaimauer und überhole vor allem – es ist Sonntag – orientierungslos herumirrende Reisebusse, mal links, mal rechts, mal zwischendurch.

Das ist harmlos und macht Spaß: Jede Drehbewegung am Gasgriff setzen der Motor und das kurz übersetzte Sechsganggetriebe nahezu synchron in einen Sprint mit kurzen Schaltpausen um.

Motorroller sind in Paris bewährte Alltags-Vehikel.

Gab den Namen: das Denkmal La Défense.

»Roar-klick, roar-klick« – alles völlig easy.

Der Abend kann kommen. Doch vorher gönne ich mir noch einen kühlen Drink und ein Hühnchen-Sandwich bei einer der grünen Imbißbuden am oberen, parkähnlichen Teil der Champs-Élysées.

Imbiß-Koch Richard schaut auf das Motorrad und macht Komplimente: »Ein tolles Motorrad. Erinnert mich stark an eine Harley.« Ja das tut die Eliminator ein bißchen, denke ich im stillen, nur daß sie die Oldtimer aus Milwaukee gnadenlos stehenläßt.

Nach einem Museums-Rundgang durch den Louvre und durch das nicht minder beeindruckende, in einem ehemaligen Bahnhof untergebrachte Musée d'Orsay mit seinen auschließlich aus der Romantik und frühen Moderne stammenden Kunstwerken ist es inzwischen später Nachmittag geworden. Der Verkehr, vor allem der Motorradverkehr hat deutlich zugenommen. Es wird Zeit, die Eliminator wieder anzuwerfen.

Auf der Place de la Concorde fahren die ersten Nachtschwärmer ihre Einführungsrunden. Asphalt-Indianer tanzen mit knatternden Enduro-Einzylindern Foxtrott zwischen den schleichenden Blechpylonen. Stark

Kleiner Lebensmittelladen an der Avenue de la Grande Armée.

im Trend liegt auch der grimmige Sporttourer Yamaha TDM oder der Monsterroller Pacific Coast von Honda, dessen Kofferraum locker zwei Helme plus Jacken aufnimmt. Dazwischen jaulen japanische Vollblut-Sportler, aber auch mal eine Aprilia 250 mit profillosen Rennreifen.

Und schließlich rollen in schier endloser majestäti-

Im alten Paris sind Oasen der Ruhe allgegenwärtig.

Gespenstische Stille: die Louvre-Pyramide am frühen Morgen.

scher Selbstgefälligkeit die schweren Yamaha Vmax über das Pariser Pflaster. Die Vmax ist der Tyrannosaurus Rex der Pariser Motorradszene, 135 PS sagt man ihr nach. Der gigantische Vierzylindermotor in V-Formation scheint aus dem Rahmen zu platzen, der wie ein Tanga-

Bikini das stramme Aggregat im Zaume hält.

Was schließlich alle Motorradfahrer eint, ist der betont legere Auftritt mit Parka oder Wildlederjacke, dazu ganz normale Jeans, Straßenschuhe und Helm. Ich fühle mich in meiner schwarzen Bad Biker-Sicherheitsverpackung etwas overdressed, zirkle aber trotzdem in völliger Ruhe den Startplatz an.

Es ist die Fußgängerampel, die den Weg vor der Place de la Concorde auf die Champs-Élysées freigibt. Die Straße zum Arc de Triomphe steigt leicht an. Durch dessen Bogenöffnung sehe ich den weißen Würfel, die Grande Arche, mein Reiseziel.

Die ersten 300 Meter verlaufen ampelfrei, vorbei an grünen Bäumen, Imbißbuden und Pissoirs. Erst an der Avenue de Marigny stoppt mich wieder eine Ampel. Hier kann ich auch die fünf Motorräder identifizieren, die unterwegs an mir vorbeigeschossen sind.

Ich tarne mich jetzt als Bummler. Auf der Champs-Élysées kann ich dadurch den Menschenstrom entlang der

Roller, Handy, Sonnenbrille: Pariser Zweirad-Chic.

Geschäfte und Straßencafés beobachten, die allesamt rote Markisen, goldene Fenstereinfassungen und hellbraune Rattanstühle besitzen. In den Nebenstraßen parken dichtgedrängt Motorräder auf speziellen Motorrad-Parkplätzen. Auch die Polizei ist unterwegs auf harmlosen, blauweißen 125er Hondas mit putzigen Knieschilden und Packtaschen.

Vor dem Arc de Triomphe gerate ich in das Blitzlichtgewitter der Touristen-Fotoapparate. Zusammen mit anderen Motorrädern suche ich mir anschließend einen Weg durch die müde Kreisverkehr-Polonaise auf der Place Charles de Gaulle.

Die Gassen zwischen den Autos sind viel befahren, ich kommuniziere mit anderen Motorradfahrern durch Kopfnicken oder Davonfahren. Das geht mit der Sprinter-Kawa ganz prächtig.

Endlich habe ich mich freigekämpft und beschleunige jetzt in Richtung Porte Maillot. Links und rechts sehe ich Motorrad-Werkstätten, lese die bunten Firmenschilder »Kawasaki«, »Honda«, »Triumph«. Schön, denke ich, einen prominenteren Platz für Probefahrten als hier kann es in Europa wohl kaum geben.

Erneuter Ampelstopp. Gelassen steuere ich durch die wartenden Autos hindurch zu meinem Platz in der ersten Reihe. Dann rechts von mir ein verräterisches Geräusch: »Pagh, pagh, pagh, pagh ...« Eine Einzylinder-Enduro stellt sich ebenfalls nach vorne. Der Fahrer blickt kurz zu mir herüber. Wohl eine 650er mit 50 PS, schießt es mir durch den Kopf, dazu der Biker im gewichtssparenden Alain Prost-Format, das kann hart werden.

Volle Konzentration auf die Ampel. Grün! Ich drehe den Motor bis an sein Limit, 11 000/min: »Roaiiii, roaiiii, roaiiii« – erster, zweiter, dritter Gang. Der Sportmotor jagt die Kawa nach vorne, ich eliminiere die Enduro und erreiche vor ihr die nächste grüne Ampel.

Nach dem Kreisverkehr der Porte Maillot verlasse ich das alte Paris und überquere die Ringautobahn, den Boulevard Périphérique. Die gemütlichen Lebensmittelläden, die auch am Sonntagabend geöffnet sind, die beiden parallel zur großen Straße verlaufenden kleinen Alleen und die alten, oft mit Balkonen und Stuck geschmückten Stadthäuser machen jetzt gesichtslosen Neubauten Platz.

Dafür kann das Reisetempo etwas gesteigert werden. Geschwindigkeiten von über 120 km/h sind hier keine Seltenheit. Nur auf der Eliminator wird es dann mangels

Der Trip vom Louvre bis zur Grande Arche führt alle Spielarten des turbulenten Pariser Stadtverkehrs in Paris vor.

Ganz Paris träumt von der Liebe – ja, auch heute noch.

Die seltene Kawasaki fand in Paris zahlreiche Bewunderer.

Windschutz etwas ungemütlich.

Im unterirdischen Straßengewirr von La Défense endet der schnelle Paris-Trip. Das Neubaugebiet mit seinem Wolkenkratzer-Wirrwarr muß zu Fuß erkundet werden. Vor dem 110 Meter hohen, hohlen Würfel der Grand Arche schnappe ich Wortfetzen deutscher Touristen auf:

Wild und mild: Die Eliminator
Die Kawasaki Eliminator entspricht der gelungenen Kreuzung eines VW Golf mit einem Chrysler Viper. Solide Technik (Wasserkühlung, Kardanantrieb) und gutes Handling ist gepaart mit der Optik eines US-Musclebike.
Vierzylinder-Reihenmotor, Hubraum 593 cm^3, Leistung 61 PS bei 10 500/min, Gewicht 218 Kilogramm. Das Motorrad kostete zuletzt 11.000 Mark, ist jedoch nicht mehr im aktuellen Kawasaki-Programm.

»Das ist halt kein Paris, das ist etwas anderes.«

Tatsächlich fehlt der sterilen Weltausstellungs-Atmosphäre von La Défense einfach die typische Pariser Straßenlebendigkeit. Dazu gehören auch Autos, Roller und Motorräder – vor allem Prunkstücke wie die Eliminator.

Franz-Peter Hudek

>>>

Tips für den Bike-Trip in Paris

Die Strecke zwischen Louvre und Grande Arche durchläuft im alten Paris das erste, achte und 17. Arrondissement. Wer schöne **Hotels** sucht, ist hier gut aufgehoben. Zum Beispiel das Hôtel des Champs-Élysées in der Rue d'Artois (Doppelzimmer ab 200 Mark). Zu empfehlen ist auch das bei La Défense im Stadtteil Courbevoie gelegene Hôtel Central mit eigenem Parkplatz (Doppelzimmer ab 140 Mark). Infos unter Tel. 0033/1-49525354.

Paris zeigt sich bei dem Thema **Essen und Trinken** sehr weltoffen. Im achten Arrondissement empfehlen sich mit steigender Preistendenz: Virgin-Café (56, Avenue des Champs-Élysées), untergebracht im Virgin Megastore, der auch Frankreichs größten Platten- und CD-Laden beheimatet, modisches katalanisches Ambiente und Essen. Chez Germain (19, Rue Jean-Mormez), hier gibt es Bistrot-typische Pariser Küche zu akzeptablen Preisen (Menü ab 50 Mark). The Chicago Pizza Pie Factory
(5, Rue de Berry) serviert in amerikanischer Atmosphäre italienische Pizzas im Riesenformat, von der Decke ertönt Radio Chicago. Das City Rock Café (13, Rue de Berry) ist gleichzeitig ein Rock-Museum mit Exponaten wie Elvis Presleys Cadillac oder John Lennons Gitarre. Im mondänen Pau Brazil (32, Rue de Tilsit) gibt es brasilianische Küche im tropischen Dekor. Am Wochenende Tisch vorbestellen.
Die **Sehenswürdigkeiten** entlang der Reiseroute sind streng genommen bescheiden: Louvre, Champs-Élysées und La Défense. Das 1993 um einen neuen Trakt und zwei Innenhöfe erweiterte Mega-Museum sollte am Wochenende gemieden werden. La Défense lernt man am besten auf dem Skulpturen-Rundweg kennen mit Großplastiken von Calder, César oder Miro (Infos im Pavillon bei der La Défense-Statue). Die Grande Arche ist ein Gebäude der Superlative (Gewicht

Lieber Leser,

Ihre Meinung ist uns wichtig!
Nur durch Ihre Anregungen und Ihre Kritik können wir uns ständig verbessern. Bitte schreiben Sie uns doch auf dieser Antwortkarte, wie Ihnen das Buch gefallen hat.

Schreiben Sie uns und gewinnen Sie!

Unter den Einsendern werden jeden Monat 10 Büchergutscheine im Wert von jeweils 99 Mark verlost.

Autor und Titel des Buches:

Meine Meinung zu diesem Buch:

Ich habe dieses Buch gekauft bei

☐ Buchhandel ☐ Versandhandel ☐ Sonstigem Händler

300 000 Tonnen), das eine grandiose Aussicht über Paris bietet. Auf der Rückreise lohnt sich der Besuch von Disneyland Paris mit seinen dem europäi-schen Geschmack angepaßten, überaus unterhaltsamen Traumwelten. Neu ab Mitte April: die Filmkulissen aus »Liebling, ich habe meine Kinder geschrumpft«.

Einkaufen in Paris ist ein teures Vergnügen. Aber auch nur zum Schauen und Staunen lohnt sich ein Laden-besuch. Delikatessen bieten viele kleine Épiceries fines. Die bekanntesten sind Fauchon und Hédiard (26 und 21, Place de la Madeleine). Schöne Einkaufspassagen aus dem 19. Jahrhundert sind die Galerien Colbert und Vivienne, zu erreichen über die Rue des Petits Champs nördlich vom Louvre. Auch die alten Kaufhäuser haben viel Charme und zeigen aktuelle Trends und Moden: Au Bon Marché (38, Rue de Sèvres), Galeries Lafayette (40, Boulevard Haussmann).

Das Angebot an **Stadtführern** über Paris ist riesig. Zu den modernen, optisch ansprechend gestalteten Büchern zählt vor allem der VIS-à-VIS-Band mit hervorragenden Zeichnungen und Grafiken (RV-Verlag, 48 Mark), das Viva Twin-Paket mit guter Karte (RV-Verlag, 16,80 Mark) und der Apa Guide (Polyglott, 39,90 Mark). Reportagen, Essays und viele InsiderInfos über das weniger glamouröse, aber dafür authentische Paris bietet der Band aus der anders reisen-Reihe (Rowohlt, 19,80 Mark). Für Freunde des Disneyland Paris gibt es den Marco Polo Reisführer Euro Disney (Mairs, 12,80 Mark). Dazu die Michelin Karte Paris (Nr. 12, 14,80 Mark).

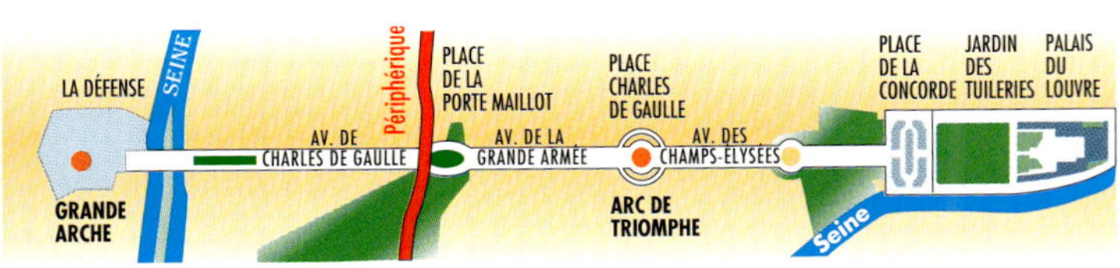

Die 24 Stunden vor Le Mans – Rundreise durch die Sarthe im raren Venturi-Sportwagen

In einem Flecken Frankreichs, in dem man sich selbst für ein Autorennen 24 Stunden lang Zeit läßt, stoßen Reisende auf ein merkwürdig stilles und seltsam schönes Département – einen Landstrich, so wenig bekannt wie der französische Sportwagen Venturi 400 GT.

Die Brücke in Asnières ist acht Jahrhunderte älter als der Venturi 400 GT, den sie trägt.

Wenn es denn stimmt, daß große Gegensätze sich zu größtem Reiz aufschaukeln, dann ist der Landstrich rund um die alte Rennstadt Le Mans einer der reizvollsten überhaupt.

Profil eines Kontrastes: Lärmend, launisch, liederlich schwierig ist seit 76 Jahren das 24 Stunden-Rennen auf dem 13,6 Kilometer langen Landstraßenkurs südlich von Le Mans. Es sind 5000 Kilometer während eines Tages und einer Nacht, ein Dreischichtbetrieb übermüdeter Fahrer vor übernächtigten Mechanikern und überreiztem Publikum.

Die Pommes frites tanzen

Einmal im Jahr, und auch dann nur für einen Tag und eine Nacht, gibt sich Le Mans laut und sehr spektakulär.

Landstraße statt Boxenstraße: Der 408 PS starke Venturi 400 GT erreicht Tempo 100 in 4,5 Sekunden. Er kann aber auch schön stillstehen.

auf den Tellern im Restaurant Hunaudières, wenn die Porsche GT 1 mit 320 km/h über die gefürchtete Gerade kreischen.

Selbst um Mitternacht, auf der harmlosen Kart-Bahn des Rummelplatzes hinter der Dunlop-Kurve, will noch jeder ein kleiner Derek Bell sein, ein Bob Wollek en miniature, ein Yannik Dalmas. Auf den Campingplätzen schichten englische Kronenbourg-Fans leere Bierbuddeln zu meterhohen Pyramiden auf. Öffentliche Ordnung und die billigen Champagnergläser werden mit Füßen getreten, nach einer verregneten Renn-Nacht wirft der Schlamm auf den Fußwegen brünette Blasen.

Profil eines Kontrastes: »Dómine, non sum dignus ut intres sub tectum meum, sed tantum dic verbo et sanábitur ánima mea«, memorieren die 85 Mönche der Abtei von Solemnes am Morgen vor dem großen Rennen aus der

römischen Liturgie. Der Weihrauch hängt schwer im Chorgestühl.

Seit einem Vierteljahrhundert übt Pater Gerhard in Solemnes den gregoriani-

Hier lohnt der Kirchgang auch für Atheisten: Die Mönche der Abtei von Solesmes sind berühmt für ihre gregorianischen Gesänge.

Statt nach Rennöl riecht es entlang der Landstraßen nach frisch ausgeworfener Gülle und einer satten Fuhre Mist.

schen Choralgesang. Nur 48 Kilometer vom Rennkurs in Le Mans entfernt, war er doch niemals dort: »Unsere Aufgabe ist das Gebet, siebenmal jeden Tag.«

Bei dem Begriff Flügelstellung denken er und seine Brüder eher an die himmlischen Heerscharen der Engel. Bodenhaftung erscheint ihnen kaum wichtig, ein Notenblatt aus dem Spätmittelalter ungleich wertvoller als der Führerschein, den hier ohnehin keiner besitzt.

Das einzige, was hier bewegt wird, sind die vielen Touristen in den gesungenen Messen. »Man kann nicht den Choral hören, ohne sofort darauf anzusprechen«, predigt Pater Gerhard und verkauft noch eine CD mit den Chants grégoriens an eine Besuchergruppe aus Deutschland.

Für den alten Pater, ganz gewiß, wäre ein 260 000 Mark teurer Venturi nur unnützer Zierat einer allzu weltlichen Lebensweise. Ohne benediktinischen Segen also stemmt sich der atlantikblaue 400 GT aus seinem Parkplatz, hinaus auf die Route départementale nach Asnières-sur-Vègre.

»Das hinreißendste Dörfchen der ganzen Gegend«, hat-te die Tageszeitung »Ouest-France« schon vor Jahren auf der Titelseite geschwärmt. Statt nach Rennöl und Sprit, wie am Kurs von Le Mans, riecht es entlang der Landstraße erst einmal nach frisch ausgeworfener Gülle und einer satten Fuhre Mist.

Im Ort selbst hängt noch der Duft vom Tagesessen des Restaurants »Le Pavillon«: Kaninchenmedaillons auf Auberginen. Nebenan, an der Kneipentheke, blättern sich drei pausierende Dorfbewohner durch den Sportteil des »Le Maine Libre«. Viel fachkundiges Publikum, steht da, habe am Wochenende den Traktoren-Parcours verfolgt. »Vorgestern habe ich beim Schnecken-Wettrennen 50 Francs verloren«, sagt Jean. »Trinkst du noch einen

Alte Mühlen und Kraftwerke säumen die träge dahinfließenden Flüsse.

Roten?« antwortet Paul.

Unabhängig vom subjektiven Alkoholpegel sieht Asnières aus, als habe man das Aquarell eines naiven Malers in Stein umgesetzt. Und die schmale Brücke aus dem zwölften Jahrhundert wölbt sich zu einem fotogenen Podest für den neumodischen Venturi, der dort so lange posiert, bis die zwei Dorfpolizisten vorbeikommen: »Unseren Peugeot im Tausch gegen den da.«

Überhaupt ist die Venturi-Straßenversion des Le Mans-Schwestermodells 600 SLM das richtige Vehikel, sich im Département Sarthe herzlich willkommen zu fühlen. In deutschen Landen undenk-

Nach dem Ende von Renault-Alpine hält nur noch Venturi die Sportwagen-Trikolore hoch.

bar: Auf den Dorfplätzen klatscht die Jugend Applaus, die Rentner schwenken ihre Stöcke, entgegenkommende Renault Clio-Fahrer grüßen per Lichthupe, und in Malicorne steigt Claudine aus dem Hausboot: »Ein Ferrari?« Kein Ferrari.

4600 Kilometer Bäche und Flüsse ziehen sich durch die Sarthe-Region, die an der Kreuzung von vier Provinzen liegt – Bretagne, Normandie, Anjou und Touraine. Tausende Urlauber machen es wie Claudine, lassen ihren Renault Laguna stehen und mieten für zwei Wochen ein Hausboot. »Man kommt zur Ruhe«, glaubt die Französin und erschlägt die Schnake Nummer 57 des heutigen Tages, dann die 58.

So ist das in der Sarthe nun mal – wer im Touristenbüro von Sablé nach Sehenswürdigkeiten fragt, den schicken sie auf eine ruhige Brücke zwischen den Nachbardörfern Avoise und Parcé, wegen der hübschen Aussicht. Die größten Attraktionen in dem Département sind solche, die woanders unter der Überschrift stehen »Wenn Sie alles andere schon gesehen haben, können Sie sich zur Not noch das anschauen.«

Wachsen und wachsen lassen: Frankreichs Lebensphilosophie sorgt für poetische Bilder.

Eine ruhige Kugel schieben: Pétanque-Wettbewerb in St.-Léonard-des-Bois.

Die Sarthe kommt, abgesehen vom 24 Stunden-Rennen, nie laut daher. Nicht Johnny Hallyday singt ihre Melodie, sondern sanfte Barden wie Yves Duteil.

Hier gehen die Uhren nicht anders; vielmehr scheinen die Menschen ohne Zeit zu leben. Man muß das Besondere suchen. Doch wenn man es findet, dann hat man es für sich allein. Den kauzigen Müller Eugène Avoie zum Beispiel. Ganz oben im Norden der Sarthe, hinter Beaumont, steht sein 18 Jahre alter Citroën 2 CV vor dem Mühlrad. Davor wiederum steht Eugène. Er trägt die immerfeuchte Filterlose in einem Gesicht, für dessen Formgebung vermutlich eine Boulekugel Modell stand.

Manchmal spricht die Boulekugel: »Solche altmodischen Mühlen wie meine gibt es nicht mehr. Schauen Sie diese Schwielen an. Mir macht es nichts aus, 30 Kilo-Säcke zu tragen, aber die jungen Leute heutzutage ...« In der vierten Generation haben die Avoies schon solche Schwielen.

Mit 70 Jahren steigt Eugène noch immer völlig arthritisfrei die drei Stockwerke nach oben, trotz der vielen Filterlosen. Jedes Jahr im Sommer zwängt er sich in seinen beigefarbenen 2 CV: »Ich gehe immer zum großen Rennen nach Le Mans. Schade, daß Citroën nicht mitfährt, c'est dommage.«

Dafür fahren die portugiesischen Jeeps der Marke UMM – zwar auch kein 24 Stunden langes Rennen, aber ganzjährig durchs rauhe Übungsgelände bei St.-Léonard-des-Bois. Dort leitet der französische Fernseh-Journalist Philippe Simonin seine »École de Pilotage 4u4«. Vor allem Engländer und Holländer kommen nach ihrer Visite in Le Mans hierher, um

»Ich gehe jedes Jahr zum Rennen nach Le Mans«: Noch mit 70 Jahren betreibt Eugène die Mühle von Beaumont.

Rahmenprogramm: Hochseilartist in Le Mans.

sich unterrichten zu lassen, wie man die Grasnarbe fachgerecht unter die Stollen nimmt.

Diese verlassene Gegend, die Alpes Mancelles, eignet sich dafür auch bestens. Inmitten der Felder verfallen aufgegebene Gehöfte; auf den Dorfplätzen spielen die Alten stundenlang Boule, das sie – wie fast überall in Frankreich – Pétanque nennen. Alles ist grün, und auf den Straßen, die einem

408 PS-Venturi viel Pläsier machen, kommt einem eher eine Herde Rinder entgegen als eine Horde Autos.

Einfach ist das Leben in diesem Winkel der Cafétière, wie Frankreich sich wegen seiner Kaffeekannen-Form selbst nennt. Die Sarthe rund um Le Mans liegt nahe am

La Chartre-sur-le-Loir: Schon Tage vor dem Rennen fahren englische Fans ihre Jaguar D-Type und Lotus Super Seven spazieren .

***Als Straßenversion des Le Mans-Rennwagens** leistet der französische Venturi 400 GT mit V6-Mittelmotor 408 PS. In nur 4,5 Sekunden beschleunigt er aus dem Stand auf 100 km/h. Seine Höchstgeschwindigkeit: 295 km/h. Preis: 260 000 Mark.*

Ausguß, doch selbst vom Amusement wird wenig verschüttet. In Sablé genügt ein Hochseilartist namens Johnny Hoppsala, der über den Marktplatz balanciert, und das ganze Städtchen kommt zum Zuschauen. Selbst Chefkoch Michel Dardé-Jehanno vom feinen »Saint Martin« verläßt eben mal den Backofen – und das fast fertige Gratin aus frischen Meeresfrüchten.

Überhaupt, die Köche. In

Während des 24 Stunden-Rennens verwandelt sich die Sarthe in ein Freiluft-Automuseum.

Le Mans' verwinkelter Altstadt gibt es einen, der heißt Patrick Jouy und tischt im »Le Flambadou« die rustikale Küche des französischen Südwestens auf. Der Mann hat, weiß Gott, ein Händchen für Ente Périgourdin. Aber das Beste in seinem Restaurant sind die handbemalten Eier für 100 Francs, auf denen die alten Siegerautos von Le Mans noch immer um den ersten Platz fahren: die »Oeuf Teuf-Teuf«, die Töff-Töff-Eier.

Ralph Alex

»Oeuf Teuf-Teuf« für 100 Francs: Toneier, bemalt mit den Siegerautos von Le Mans.

Das Automuseum direkt an der Rennstrecke von Le Mans: Hier hören die 24 Stunden niemals auf.

>>>

A la française: Reisetips für die Region Le Mans

Die **Anreise** ins Département Sarthe ist denkbar einfach: Man fährt oder fliegt nach Paris. Von dort aus geht es mit dem eigenen Auto oder einem Mietwagen (Schalter im Flughafen-Gebäude) auf der mautpflichtigen A 11 über Chartre nach Le Mans. Entfernung zwischen Paris und Le Mans: rund 200 Kilometer. Wer gleich in eine der schönsten Ecken des Gebiets weiterfahren möchte, wechselt in Le Mans auf die A 81 und an der ersten Ausfahrt auf die D 4 nach Sablé-sur-Sarthe.

Es herrscht kein Mangel an **Unterkünften** in jeder Preiskategorie. Reservierungen sind nur während der eigentlichen Trainings- und Renntage der 24 Stunden von Le Mans nötig. Ansonsten bekommt man problemlos ein Zimmer. Ein gut gelegenes und geführtes Hotel ist zum Beispiel das Grand Hôtel in Solesmes (Doppelzimmer etwa 130 Mark), das direkt gegenüber der berühmten Benediktiner-Abtei liegt. Zu empfehlen ist auch das Hôtel de France in La Chartre-sur-le-Loir, bei den Rennteams schon seit Jahrzehnten beliebt. Die aktuelle Liste sämtlicher Hotels im Département Sarthe und eine Aufstellung über die Campingplätze unter Tel. 00 33/2 43 28 17 22.

Eine der größten **Sehenswürdigkeiten** ist die Abtei von Solesmes, doch eigentlich ist es eine Hörenswürdigkeit – wegen der gregorianischen Gesänge der Benediktinermönche (jeweils 9.45 Uhr, 13 Uhr, 13.50 Uhr, 17 Uhr und 20.30 Uhr). Einen Besuch wert sind auch: die Abtei von Epau, die schönen Dörfer Asnières und Parcé, die Altstadt von Le Mans, die Mühle »Bois Landon« in Beaumont, das Schloß von Le Lude und natürlich das Automuseum am Haupteingang zur Rennstrecke von Le Mans.

Wer es gern ländlich mag, wenn es ums **Essen und Trinken** geht, der wird in der Sarthe gut bedient. Das Geflügel von den Bauernhöfen in Loué und die Kapaune von Le Mans waren schon zu Racines Zeiten berühmt. Als Spezialiäten gelten Entenbrustfilet, Leberpastete und die traditionell zubereiteten Rillettes aus Schmalzfleisch. In den vielen Flüssen der Sarthe werden Forellen, Zander, Hechte, Krebse gefangen und tauchen später auf den Spezialitätenkarten jener feinen Restaurants auf, die es in der Sarthe auch gibt. Zwei Geheimtips: die sehr raffinierte »Hostellerie Saint Martin« in Sablé (3, Rue Haute Saint Martin) und das deftige »Le Flambadou« in der Altstadt von Le Mans (14 bis, Rue Saint-Flaceau).

Reiseliteratur: Die beste Straßenkarte für Touren im Département Sarthe ist die Michelin-Karte Nr. 232 (Pays de Loire) im Maßstab 1:200 000. Da es kaum einen Reiseführer gibt, der die Gegend um Le Mans ausführlich behandelt, empfiehlt sich statt dessen das Info-Material der Fremdenverkehrsverbände, Le Mans, Tel. 00 33/2 43 28 17 22 und Sablé-sur-Sarthe, Tel. 00 33/43 95 00 60.

Champagnereise mit dem Wohnmobil

Der Name der Region ist gleichbedeutend mit einem edlen Getränk: die Champagne. Eine Reise während der Weinlese zeigt die Menschen in untypischer Betriebsamkeit.

Flaschen weisen den Weg:
Willkommen im Champagner-Land.

CHAMPAGNE

CHAMPAGNE
CHAMPAGNE
ROUTE
TOURISTIQUE DU
CHAMPAGNE
VILLERS

CHAMPAGNE

Wenn sich die Blätter der Bäume rostrot und ocker färben, beginnt auf den kurvigen Landstraßen in der Champagne ein seltsames Treiben. Aus den Dörfern schwärmen merkwürdige

Auf sanft hügeligen Hängen reifen die Weintrauben zum Jubelgetränk Nr. 1, dem Champagner.

Gefährte aus. Sie müssen von Traktoren abstammen, aber mit ihren hochbeinigen Fahrgestellen sehen sie aus wie

Die Champagner-Straße führt zu den großen Kellereien und durch bekannte Weinorte.

Insekten aus einer anderen Welt.

Die Trecker besitzen hoch angeordnete Fahrerkabinen sowie kleine Ladeflächen und sind vor allem jenseits der asphaltierten Fahrbahnen zu Hause. Dort wo in endlosen Reihen der Wein der Champagne wächst, nimmt

Dank des teilweise ebenerdigen Wein-Anbaus kann auch mit der Schubkarre geerntet werden.

der Spinnentraktor beim Fahren die Rebstöcke zwischen die Räder. Sein Fahrer genießt dabei eine einmalige Aussicht: Zwischen Reims und Epernay ziehen sich die von einem Waldgürtel umschlossenen Weinfelder über die leicht hügelige Landschaft.

Der Platz für die Reben ist knapp, denn die Anbaufläche in der Champagne ist auf 33 000 Hektar begrenzt. Für Abwechslung zwischen den wie Zinnsoldaten aufgereihten Rebstöcken sorgen im Herbst die Erntehelfer. Sie leben in Wohnwagen, die direkt neben den Weinstöcken geparkt sind und rücken von dort aus den Trauben zu Leibe. Gepflückt wird selbstverständlich von Hand. Und die Früchte landen in Behältern mit glanzvollen Namen: Die auf dem Rücken getragenen Erntekörbe heißen hier Mannequin. Das verleiht der mühsamen Handarbeit einen Hauch von Eleganz und Schönheit.

So reich wie die menschlichen Models kann man bei der Weinlese indes nicht werden. »Wer hier arbeitet, bekommt etwa den französischen Mindestlohn von zwölf Mark pro Stunde«, erklärt

Jean-Marie Dubois. Der Weinbauer ist bereits in Rente, aber bei der Ernte kann er es nicht lassen, nach dem Rechten zu sehen.

Hier wachsen ausschließlich drei Rebsorten: der Pinot Noir, der Pinot Meunier und der Chardonnay. Dieses illustre Trio bildet die Grundzutaten für den berühmtesten Schaumwein der Welt. Nur was aus dieser Region stammt und moussierend in Flaschen abgefüllt wird, darf sich Champagner nennen. Dieses Gütesiegel hat Tradition: Per Gesetz ist der Champagner seit 1929 geschützt.

Erheblich älter ist die Tradition in der kleinen Champagnerkellerei Fleury-Gille in Trélou-sur-Marne. Seit 1842 betreibt die Familie den Weinanbau. Die Ernte hat tags zuvor begonnen. Jean-François Fleury setzt die ersten Trauben in der Presse schon mächtig unter Druck. Mit Gabeln wird die Frucht nach der ersten Pressung wieder aufgetürmt, damit die Trauben auch ihren letzten Tropfen Saft abgeben. »Wir machen alle Schritte zur Champagnerherstellung selbst«, erklärt Madame Fleury beim Rundgang durch den kühlen Backsteinkeller, in dem Tausende von Flaschen lagern. Das ist keineswegs selbstverständlich. Viele Weinbauern liefern ihre Ernte nur noch an die namhaften Champagnerhäuser.

Zwischen der Kellerei Fleury-Gille und weltberühmten Häusern wie Moët &

Große Marken sind nicht nur Flaschen-Zierrat: Stein zur Kennzeichnung des Weinbau-Gebietes.

Wenig Schiffs-Betrieb herrscht auf der spiegelglatten Marne, die das Champagne-Gebiet durchzieht.

Chandon oder De Castellane liegen nur wenige Kilometer, aber eigentlich sind es Welten. Epernay hat sich zum Zentrum des edelsten Getränks entwickelt. Die renommiereten Hersteller reihen sich in der 30000-Einwohner-Stadt größtenteils entlang einer Straße aneinander, die – wie sollte es anders sein – Avenue de Champagne heißt. Prächtige Villen hinter großen schmiedeeisernen Toren bedeuten dem Betrachter unmißverständlich, daß er es hier mit einer anspruchsvollen Branche zu tun hat.

Allen gemein ist die Kunst, den Champagner in Flaschen reifen zu lassen. Das Verfahren ist vorgeschrieben: Nach einer ersten Lagerung in Fässern wird der Wein zur zweiten Gärung im Frühjahr in Flaschen abgefüllt. Unter Zugabe von Zucker und Hefe setzt sich der Reifeprozeß fort.

Überwacht wird dieser von einem Spezialisten, der für die sogenannte Remuage ausgebildet wurde: Der Rüttler dreht einmal täglich die schräg gelagerten Flaschen um eine Viertelumdrehung, damit die Ablagerungen, das Depot, langsam zum Flaschenhals wandern – am Tag bis zu 30 000 Stück.

Als Erfinder des Champagner-Verfahrens gilt der Mönch Dom Pérignon. Ihm wird nachgesagt, im 17. Jahrhundert in der Abtei von Hautvillers erstmals verschiedene Weine geschickt gemischt und in einer mit Kork verschlossenen Flasche gelagert zu haben.

In Reims lockt geistiger Beistand in gleich doppelter Dosis.

Die großen Champagner Kellereien bleiben für Besucher oft verschlossen.

Heute hat sich Hautvillers zu einem touristischen Kleinod auf den Hügeln oberhalb des Marne-Tals entwickelt. Steil führt die schmale Landstraße zu dem nur 600 Einwohner zählenden Winzerdörfchen mit seinen blumen- und backsteingeschmückten Häuserfronten. Das auf dem VW Bus basierende Wohnmobil California hat damit allerdings wenig Mühe. Trotz der gewichtigen Campingeinrichtung zieht der leistungsstarke TDI-Motor mit bulligen 102 PS das fliegende Faltdach-Zimmer zügig den Berg hinauf.

Unterwegs spielt das kompakte Wohnmobil seine Stärke aus. Ein paar Meter abseits der Landstraße geparkt, verwandelt es sich in Minutenschnelle zu einem kleinen Privat-Bistro. Dank aufgestelltem Hubdach kann man ohne Verrenkungen zwischen Kochstelle und Kühlschrank ein schmackhaftes Picknick kreieren. Und die geöffnete Schiebetür erlaubt einen terrassenhaften Ausblick über die Landschaft.

Mühsamer gestaltet sich dagegen der Besuch der legendären Abtei von Hautvillers, der Wiege des Champagners: Am Eisentor verscheucht ein rundlicher Kellerknecht mit Lederschürze die Besucher. Die Abtei gehört heute dem exclusiven Champagnerhaus Moët und Chandon und kann nur nach Terminabsprache besichtigt werden.

Dies gilt jedoch nicht für die Kathedrale in Reims. Hier flankiert der allgegenwärtige, in Flaschen gesperrte Gaumengenuß ein vielbesuchtes Steinmonument: Im Schatten des gotischen Gotteshauses reihen sich die Champagnerläden aneinander und buhlen gleichfalls um das geistige Wohl der Reims-Besucher. Der Weg der Omnibus-Touristen ist damit vorgezeichnet: zuerst in die Kathedrale, dann zum Schampus-Kauf um die Ecke.

Im Spiegel der Vergangenheit zeigt die Champagne auch heute noch Größe – als elitäres Kaltgetränk.

Weitaus weniger Beachtung erfährt eine weitere Berühmtheit der Champagne, die vor den Toren von Reims liegt: nahe dem Örtchen Gueux verrotten die Reste der Rennstrecke, auf der 15 mal der Grand Prix von Frankreich stattfand. Seitdem 1966 letztmals das schwarz-weiß karierte Tuch fiel, sterben die steinerne Tribüne, die Boxenanlage und der Zeitnahmeturm einen langsamen, aber pittoresken Tod: Zersplitterte Scheiben, zerrissene Werbeplakate und morbide Mauern erwarten den Besucher.

In Minutenschnelle verwandelt sich das kompakte Wohnmobil in ein kleines Bistro.

Die Motorsportler lockt auch eine Gruppe von sechs in England zugelassenen Porsche an. Der gemeinsame Ausflug nach Reims und in die Champagne hat ebenso Stil wie Tradition. Etwa sechsmal pro Jahr sei er hier, um Sportwagenliebhabern die ehemalige Rennstrecke zu zeigen, erzählt Porsche-Händler Nick Doncan.

VW Wohnmobil California
Die Ausstattung des 64 417 Mark teuren VW California Coach mit Herd, Spüle, Kühlschrank, Standheizung und Hubdach stammt von Westfalia. Der 2,5 Liter große, 102 PS starke Fünfzylinder-TDI-Motor ermöglicht eine Höchstgeschwindigkeit von 160 km/h bei einem Durchschnittsverbrauch von nur 8,5 Liter Dieselkraftstoff.

Doch das sei nicht der einzige Grund, um hierher zu kommen. »Es versteht sich ja von selbst«, sagt Doncan, »daß auf der Rückfahrt die eine oder andere Champagnerflasche den Kofferraum des 911er füllt.« Und er fügt hinzu: »Hätte ich ein so großes Auto wie den California, wäre ich nach jedem Champagne-Trip wohl pleite.«

Ulrich Bethscheider-Kieser

>>>

Wo der beste Schaumwen reift: Tips für die Champagne-Reise

Als optimale **Reisezeit** empfehlen sich September und Oktober, wenn je nach Wetterlage die Weinernte beginnt. Dann sind auch die Chancen groß, die letzten milden Sommertage zu erleben.

Zu den berühmtesten **Sehenswürdigkeiten** der Champagne gehört die Kathedrale in Reims. Im 13. Jahrhundert wurde ihr Bau begonnen. Sehenswert sind die von Marc Chagall gestalteten Fenster im Chor. Liebhaber klassischer Autos besuchen das Musée de l'Automobile Française des Autodesigners Philippe Charbonneaux (täglich von 10 bis 12 und von 14 bis 19 Uhr, am Dienstag geschlossen). In Epernay können bei allen großen Champagnerherstellern die Kellereien besichtigt werden. Ein Besuch der Abtei in Hautvillers ist nur nach vorheriger Absprache mit Moët & Chandon möglich.

Die Getränkekarten in den Restaurants der Champagne listen in der Regel eine Vielzahl von Champagnerangeboten auf – man trinkt diese regionale Berühmtheit als Aperitif, zur Vorspeise und zum Hauptgang. Auf der Speisekarte finden sich geschmortes Huhn, Nieren, gefüllte Forelle oder Potée, ein Gemüseeintopf mit geräuchertem Speck und Würstchen. Stilvolles Ambiente bietet in Epernay das Restaurant »La Table Kobus« neben der Kirche Notre Dame.

Fundierte und verläßliche Informationen liefert der übersichtliche Michelin-Reiseführer »Elsaß – Vogesen – Champagne« (Nr. 410, 25 Mark), der in alphabetischer Reihenfolge die Orte der Region beschreibt. Aus dem gleichen Verlag kommen die passenden Straßenkarten Nr. 56 und 61 (je acht Mark). Auch empfehlenswert ist das Reise-Taschenbuch »Champagne« aus dem Dumont-Verlag (19,80 DM).

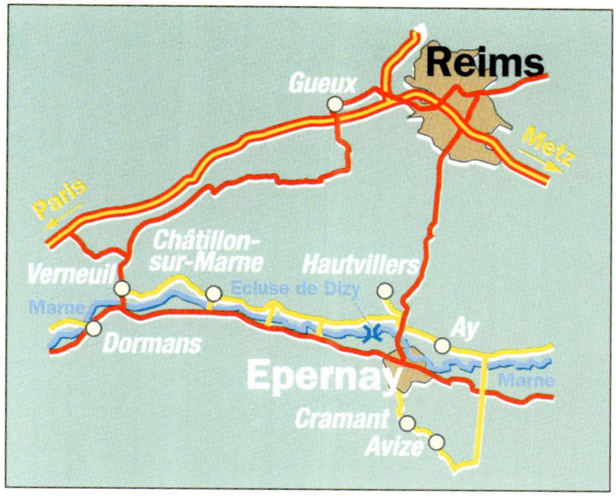

Unterwegs im Elsaß zu einsamen Burgruinen

Romantische Elsaß-Ruinen verwandeln den Wanderer zum einsamen Prinzen und erheben ihn über den Rummel in den Fachwerk-Städten.

Oberhalb von Ribeauvillé liegt die Ruine der St. Ulric-Burg, eine der größten Burganlagen im südlichen Elsaß.

ELSASS

Wenn es Nacht wird in Kaysersberg, marschiert Madame Scheerer mit ihrem Plastikeimerchen über das feucht glänzende Pflaster der einstigen Reichsstadt. Die rüstige, rundliche Rentnerin

Auf dem Burghügel über Kaysersberg residierten einst Könige und Kaiser.

verläßt durch eine schmale Gasse die nahezu menschenleere Altstadt, überquert den einstigen Stadtgraben und

harrt in dem parkähnlichen Gelände der Dinge. Sie will Störche füttern.

Das ginge nur, erklärt sie, wenn es am Abend in der Stadt ruhiger geworden sei und die Menschenmassen der Bus-Tagesausflügler schon wieder auf dem Heimweg seien. Und tatsächlich startet einer der beiden Riesenvögel vom nahegelegenen Stadtturm zu einem Erkundungsflug, entschließt sich zu einer mißglückten Zwischenlandung auf einer Fernseh-Antenne, wo er, gehandikapt durch seine Stelzenfüße, beinahe in die Dachrinne kippt und daraufhin Madame Scheerers Futter verschmäht.

Es ist schon richtig: Am Abend gehört das Elsaß wieder den Elsässern. Durch die über den Nachmittag für den gesamten Verkehr gesperrten Innenstädte holpern dann auch wieder einsame Wellblech-Transporter von Citroen oder Lastwagen von

Berliet und Unic. Weinkartons, Blumenkübel und Verkaufsstände mit Tüchern, Kräuter und Töpferwaren brachten die Händler rechtzeitig in Sicherheit. Gegen 18 Uhr verließen die letzten Busse die Parkplätze vor den Toren der reich mit Romanik-Kirchen, Renaissance-Rathäusern und bunten Fachwerk-Gasthäusern gesegneten Elsaß-Städtchen. Daß die Kaysersberger nachts ihre Burgruine über die Stadt mit wattstarken Scheinwerfern anstrahlen, ist mit Hinblick auf die bereits entflohenen Touristenscharen selbstbewußter Luxus.

Durch enge Tordurchfahrten rollt der Volvo in die Zentren der Altstädte.

Am Tage jedoch ist der Rundturm mit seinen bis zu vier Meter dicken Mauern ein willkommener Fluchtpunkt oberhalb der rege bevölkerten Altstadt. Der etwa 15 Minuten dauernde Treppen-Aufstieg zur Ruine kann außerdem als Fitneß-Test für die nachfolgenden Burgwanderungen genutzt werden.

In Kaysersberg betritt der Ruinenbesucher den Turm durch ein um die Jahrhundertwende gebrochenes Loch. Der mittelalterliche Originaleingang befindet sich zur besseren Sicherung vor

Im Großen Saal der St.-Ulric-Ruine fanden einst weinselige Feste statt.

Angriffen in etwa fünf Meter Höhe und war über eine leichte, abwerfbare Holztreppe zu erreichen. Das anfängliche Tappen im Dunkeln über eine ächzende Holztreppe wird anschließend von der weiten Aussicht in die Rheinebene belohnt, hinweg über Weinberge, Straßen und Ortschaften.

Eine der Straßen verläuft über Kientzheim nach Riquewihr. Dieses am meisten besuchte elsässische Fachwerk- und Geranien-Idyll liegt ebenso wie das Städtchen Ribeauville an der Route du Vin. Gleich drei Burgruinen bewachen den Ort, der am Morgen dank regem Geschäftsverkehr

Die Franckenbourg bietet eine großartige Aussicht auf Landschaft und Nachbarburgen.

weitaus weniger verkitscht als das benachbarte Riquewihr wirkt. Von der engen Hauptstraße aus ist jedoch nur die größte der drei Ruinen, die St. Ulric-Burg, zu erblicken. Es heißt also, den Rücksack und die Wanderschuhe zu schnüren. Start zur ersten Burgenexkursion.

sium parken. Der alte, von 1967 bis 1994, in seiner kantigen Grundform gebaute Schwede vermittelt von jeher eine burgenähnliche Stabi-

Das burgentaugliche Automobil, in diesem Fall ein Volvo 240 Kombi, kann man in Ribeauvillé oberhalb der Kirche hinter dem Gymna-

Reichtum durch Weinbau ermöglichte im Mittelalter die gigantischen Burganlagen. Heute sind die Winzer die Könige.

Auf der Route du Vin, die durch die sanften Hänge der Vogesen führt, warten die Weinflaschen geduldig auf Bus-Touristen.

lität und Lebensdauer. Außerdem besaßen die Käufer dieses Volvo-Modells eine starke Affinität zu Wander-Leidenschaft und Burgruinen: Den gab der Studienrat seiner Familie.

Jetzt parkt der mit seinen kleinen Scheiben und trutzig dicken Türen wie eine Burg gebaute Volvo einsam beim Gymnasium von Ribeauvillé. Die Schulkinder verfolgen durch die Fenster der Klassenzimmer die seltenen Burgwanderer mit neugierigen Blicken. Der Weg führt nach den Weinbergen an einem Aussichtspavillon vorbei auf ein südländisch wirkendes Gelände: Im rotgrünen, lichten Kiefernwald steigt und klettert der Wanderer über blau und rot schimmernde Felsplatten, in die der alte Burgweg gehauen ist.

Nebelschwaden ziehen über das erste, verfallene Burgtor. Die feuchten Steinstufen und das Holzgeländer glänzen im gedämpften Morgenlicht. Etwa 30 Minuten nach dem Abmarsch im Tal ist der obere Burghof erreicht. Das Areal besitzt die Ausmaße eines kleinen, einstmals prunkvoll ausgestatteten Bergdorfes mit großem Ritterhaus, Kapelle, zwei Turmbereichen, beheiztem Frauentrakt und ummauertem Freigelände. Ein einsamer Mühlstein erinnert daran, daß hier früher eine Windmühle das Korn mahlte.

Und als Gratisdreingabe gibt es den Blick hinüber zur kleineren, tollkühn auf eine Felsnase gesetzten Girsburg oder hinunter ins Tal auf die bunten Fachwerkhäuser von Ribeauvillé. Inzwischen scheint die Sonne und zaubert eine grün, gelb oder ocker leuchtende Herbststimmung. Das Dunkelrot der Ruinen aus Buntsandstein ergänzt perfekt die herbstliche Farbpalette. Vom Turm aus erkennt man jetzt auf der Bergseite über den Baumwipfeln die Zinnenkrone der dritten Burg, die Ribeaupierre. Ein gut beschilderter, schmaler Waldpfad führt in etwa 20 Minuten dorthin.

Einen völlig anderen Burgentypus kann man weiter nördlich bei Sélestat ent-

Trachten wie hier aus Kientzheim werden im Elsaß noch mit der Nonchalance des alltäglichen Festtaggewandes getragen.

Der Elsässer vereint deutsche Gründlichkeit mit französischem Charme.

decken. Auf der kurvenreichen Route du Vin rollt der weiße Volvo gemächlich nach Norden durch Weinberge und Winzerstädtchen. Unterwegs empfiehlt sich eine kleine Stärkung, etwa im gelbgestrichenen Restaurant Au Rouge in St. Hippolyte.

Im Gespräch mit der Wirtstochter Christiane stellt sich heraus, daß Burgruinen bei Elsaß-Besuchern nicht besonders gefragt sind. Es gebe da eben die Hochkönigsburg – eine im Historismusstil wiederaufgebaute Ruine –, da würden alle hinfahren. Und sonst? »Ich kennt mich hier nicht so gut aus«, antwortet Christiane scharfsinnig, »schließlich mache ich nicht im Elsaß Urlaub, sondern fahre lieber ans Meer.«

Dennoch ist das nächste Ruinenziel hinter Scherwiller, die Burgruine Ortenberg, leicht zu finden. Den etwa 40minütigen Fußmarsch belohnt diesmal eine rein gotische Wehranlage. Der fünfeckige Turm und die davorliegende Burgmauer streben dem Bau- und Verteidigungsideal der Zeit entsprechend schwindelerregend in die Höhe. Dutzende von mannshohen Schießscharten im weißen Kalkstein-Mauer-

Viele Gasthäuser und Restaurants locken mit verträumten Innenhöfen und Wirtsstuben.

In Hunawihr, dem Ort mit der ummauerten Wehrkirche, machen die Farben der Winzerhäuser einen Regentag zum Sonntag.

werk verstärken den Eindruck von einer Kreuzritter-Burg. Überraschender Fund in einem Reiseland, das ansonsten mit Spitzwegscher Butzenscheiben-Romantik um Urlaubsgäste wirbt.

Außerdem lockt das Elsaß mit seinem französischen Flair. Er äußert sich vor allem im nonchalanten Lebensstil und in den vorzüglichen Trink- und Eßgebräuchen. Auf die Spitze treibt es jedoch Coco, ein Kanarenpapagei im Restaurant Caveau du Schlossberg zu Kaysersberg. Gut, er spricht fließend französisch: »Je Coco.« Er pfeift dem schönen Geschlecht nach – ist auch noch in Ordnung. Aber daß er nahezu pausenlos die ersten vier Takte der Marseillaise intoniert, ist zuviel des französischen Flairs.

Franz-Peter Hudek

Eine feste Burg: Volvo 240 Kombi
Mit dem kantigen Klassiker aus dem hohen Norden begründete Volvo den Ruf als Hersteller von besonders sicheren und haltbaren Fahrzeugen. Der in seiner Grundform von 1967 bis 1993 nahezu unverändert gebaute Familienwagen wurde zuletzt mit nur einer Motor-Variante ausgeliefert, einem 2,3 Liter großen Vierzylinder-Reihenmotor mit 116 PS. der Preis für die 4,8 Meter lange Kombi-Version lag Anfang 1994 bei 35 000 Mark.

>>>

Tips für Touren ins Elsaß

Die direkte **Anreise** nach Ribeauvillé führt über die A 5, Ausfahrt 59 (Riegel) und die Orte Sasbach und Marckolsheim. Oder man nimmt die Ausfahrt 57 (Ettenheim), die Rheinfähre Kappel-Rhinau und durchquert das Rheintal hinüber zur Route du Vin.

Das Elsaß ist berühmt für seine Weine, die in sanften, nach Südosten orientierten Hangagen angebaut werden. Die bekanntesten Rebsorten sind Sylvaner, Riesling, Muscat, Tokay, Pinot Blanc und Pinot Noir. Die Preise bei Winzerverkauf für die 0,75-Liter-Flasche beginnen bei etwa sieben Mark für den Sylvaner. Die elsässische Küche ist vielseitig: die Quiche, gesalzene Kuchen mit Gemüse oder Speck; der Flammkuchen, eine Art Pizza mit dünnem Knusperboden; die Wurst- und Fleischgerichte mit Sauerkraut. Dazu das französische Menü, ab etwa 40 Mark zu haben.

Unter der Woche und außerhalb der Hauptreisezeiten sind spontane Hotel-Übernachtungen vor Ort jederzeit möglich. Die Preise sind eher moderat und liegen bei Mittelklasse-Häusern zwischen 80 und 150 Mark pro Person und Nacht.

Die klassischen **Sehenswürdigkeiten** im Elsaß sind die Städte Colmar, Straßburg, Riquewihr und die Hochkönigsburg. An Sommer-Wochenende sollte man sie nach Möglichkeit großräumig umfahren. Diskretere Attraktionen bieten dagegen die Orte Rouffach (südlich von Colmar) mit der unvollendeten gotischen Kathedrale, Eguisheim (bei Colmar) mit der kreisrunden Ortsanlage oder Hunawihr mit der befestigten Wehrkirche, von der aus man bei klarer Sicht die drei Burgen über Ribeauvillé eingehend studieren kann. Das Städtchen Bergheim besitzt an seiner Nordseite eine über 500 Meter lange, noch unverbaute Stadtmaueranlage mit malerischen Gärten und bewohnten Türmen. Burgruinen können auch mit dem Auto erkundet werden (große Parkplätze, an Wochenenden reger Besuchsverkehr): die Burgengruppe Haut-Eguisheim oberhalb von Eguisheim, die Franchenbourg über einen asphaltierten Waldweg von dem Dorf la Vancelle aus. Die Franckenbourg bietet außer einer überragenden Rundumsicht auch Baureste aus vorchristlicher Zeit: Gigantische Steinquader in Sargformat sind sorgfältig zu einem Schutzwall aufgeschichtet.

Das Elsaß ist mit **Reiseführern** und **Bildbänden** gut dokumentiert: HB-Bildatlas 113 (16,80 Mark), Baedeker-Reiseführer Elsaß und Vogesen (29,80), Marco Polo-Reiseführer Elsaß (12,80 Mark), ADAC Reise- und Kulturführer (19,80 Mark), Freizeitkarte Elsaß und Vogesen (RV-Verlag, 9,80 Mark). Speziell für Weinfreunde: Hugh Johnsons Weinreisen, Elsaß (Hallwag-Verlag, 34,80 Mark).

Reise entlang der Dichterstraße durch die Picardie im US-Luxus-Wohnmobil

Reisen bildet, Lesen auch. Eine Literatur-Reise der ungewöhnlichen Fasson macht die Route des Ecrivains in der französischen Picardie möglich. Die Schriftstellerstraße führt durch die Heimat von Jules Verne, Alexandre Dumas und Victor Hugo. Eine Tour für Dichter und Lenker.

Gelb vor Neid: Solch einen luxuriösen Rockwood-Regend bekommt die einsame Picardie nicht alle Tage zu sehen.

Jules Verne, kein Zweifel, wäre auf diese phantastische Idee abgefahren: ein Haus zu bauen mit Küche, Bad und Schlafgemach, dann links vor das Speisezimmer ein Lenkrad zu setzen und große Räder an das Haus zu schrauben.

Ein fahrbares Eigenheim also, das ein amerikanischer Dieselmotor mit gewaltigen 6,5 Liter Hubraum an jeden Ort schleppen kann – womöglich gar in 80 Tagen um die Erde?

Jules Verne, kein Zweifel, hätte sich den Rockwood Regent nicht träumen lassen. Und schon gar nicht, daß ein Luxus-Wohnmobil wie dieses 93 Jahre nach Vernes Tod

Im Schloß von Ermonville philosophierte Jean-Jacques Rousseau über die Natur, die Erziehung und den idealen Staat.

in eine Straße einbiegen würde, die ihm gewidmet ist – und all den anderen Schriftstellern der Picardie, dieses vergessenen Nordwestzipfels Frankreichs.

Merkwürdig genug: Ausgerechnet dieser grüne Landstrich, den die nur 40 Kilometer entfernten Pariser Großbürger verächtlich finstere Provinz nennen, hat besonders viele Leuchten der Dichtkunst hervorgebracht oder inspiriert.

Das fängt schon in Laon an, also auf der Startgeraden der neuen Schriftstellerstraße. Marcel Proust, dauernd auf der Suche nach der verlorenen Zeit, hat viel über den mittelalterlichen Stadtkern geschrieben, der wie eine Krone auf einem jäh aufragenden Hügel balanciert, sehr dramatisch.

Auf den Festungswällen oder unterhalb der Wehrmauern kann jeder um die Altstadt spazieren, wie einst Victor Hugo die weiten Ausblicke in die Ebene der Picardie ge-

Jules Verne schuf sich mit seinen Science Fiction-Werken ein Denkmal.

nießen und zu dem gleichen Schluß kommen wie der Romancier: »Alles ist schön in Laon.«

Schade eigentlich, daß Hugo seinen »Glöckner von Notre Dame« in der Hauptstadt Paris hat spielen lassen. Denn die Pariser Notre Dame ist nach dem Vorbild der Kathedrale von Laon gebaut worden. Notre Dame heißt auch das Original in der Picardie und wäre ebenfalls

Die Somme verbreitert sich bei Amiens und am Atlantik zu einem weiten, flachen See.

eine ideale Kulisse gewesen für die schöne, verführerische Zigeunerin Esmeralda, den Priester Frollo und für Quasimodo, den buckligen Glöckner.

Über Château-Thierry im Süden, wo der Fabeldichter Jean de La Fontaine das Licht der Welt erblickte – vermutlich in Gestalt einer flackernden Kerze –, zieht das Rockwood-Wohnmobil weiter nach Villers-Cotterêts. Der Ort ist viel zu geschäftig, um wirklich schön zu sein. Doch Alexandre Dumas der Ältere ist dort geboren und liegt auf dem Dorffriedhof begraben. Wie seine »Drei Musketiere« ruht der Dichter samt Vater und Mutter im Familiengrab, unter schmucklosen Steinplatten.

An dem Grab steht der Steinmetzt Jean-Pierre Mouton, weder verwandt noch verschwägert mit einer Ex-Rallyefahrerin von Audi, und dämpft die Enttäuschung über die einfache Grabstätte: »Das ist doch oft so, daß die größten Persönlichkeiten die kleinsten Gräber haben. Aber Dumas ist unser Maskottchen, ganze Schulklassen pilgern hierher.«

Niemand kann behaupten, daß die Steinmetze der Picardie literarisch nicht beschlagen seien. »Unser Dumas war ein großer Poet«, redet sich Mouton in Rage. »Der Mann in der eisernen Maske, Der Graf von Monte Christo, Die drei Musketiere … Sie wissen schon. Aber Alexandre Dumas der Jüngere, also der Sohn von unserem Dumas, das war so ein modischer Frauendichter. Wenn ich nur an seine schnulzige Kameliendame denke.«

Dumas, dem in der Rue Demoustier ein kleines Museum gewidmet ist, war zeitlebens viel gereist: nach Spanien, Italien, nach Rußland und nach Afrika. Die Schriftstellerstraße hingegen, insgesamt rund 350 Kilometer lang, verlangt nur kurze Etappen. Auf der N2 in Richtung Westen, vorbei an einer alten Windmühle, die wie ein

Die Kathedrale von Laon ist der Pariser Notre Dame-Kirche nachempfunden.

verwitterter Gastarbeiter aus der La Mancha am Straßenrand steht, ist schon nach 40 Kilometern das Schloß von Ermenoville in Sicht.

Selbst für Wohnmobilbesitzer, die nur auf der eigenen Federkernmatratze schlafen mögen, gibt es drei gute Gründe, ihren Rockwood Regent in der Kiesauffahrt des Vier-Sterne-Hotels Château d'Ermenonville ausrollen zu lassen.

Erstens: Das Hotelrestaurant ist superb. Zweitens: Ettore Bugatti, als Autokonstrukteur ebenfalls superb, ließ sich 1945 in dem Schloß nieder. Mit einer Hypothek auf das Anwesen finanzierte er seine Entwicklungsarbeiten. Und drittens: Schon 167 Jahre vor Bugatti hatte der Philosoph und Schriftsteller Jean-Jacques Rousseau in dem Schloß gewohnt. Sein Gönner, der Marquis de

Das Rockwood-Wohnmobil bringt First-Class-Wohnkomfort an jeden Ort.

Girardin, hatte ihn auf das Landgut eingeladen, getreu dem Rousseauschen Motto: »Zurück zur Natur.«

Sechs Wochen nach seinem Einzug, er saß gerade beim Frühstück, kippte der 66jährige Philosoph vom Stuhl – ein Schlaganfall. Ergriffen von der Geschichtsträchtigkeit dieses Ortes könnte sich die Wohnmobil-Besatzung nun auf die Couch ihres fahrbaren Häuschens zurückziehen, vertieft in Rousseaus »Träumereien eines einsamen Spaziergängers« oder die zwölf Bücher seiner sehr persönlichen »Bekenntnisse« studierend. Schon deren erster Satz ist ein wuchtiger Superlativ: »Ich plane ein Unternehmen«, schreibt Rousseau, »das kein Vorbild hat und dessen Ausführung auch niemals einen Nachahmer finden wird.«

Das zumindest will man der neuen Schriftstellerstraße quer durch die Picardie nicht wünschen. Das Filetstück der Route ist Amiens, die einstige

Alte Windmühlen gemahnen an die spanische La Mancha.

Wahlheimat von Jules Verne, der in seinen Abenteuerromanen die Technik der Zukunft vorwegnahm und so schon im 19. Jahrhundert die Science Fiction erfand. Seine Romanhelden ließ er von der Erde zum Mond reisen und 20 000 Meilen unter das Meer tauchen. »Mit 20 war Reisen

Das muß man dem Küstenort Ault ankreiden: Seine Kreidefelsen sehen aus wie die in Dover.

mein Ideal«, beschrieb er sich selbst. »Da ich dieses Ideal nur unvollkommen verwirklichen konnte, habe ich mich in meiner Phantasie auf die Reise gemacht.«

64 außergewöhnliche Reisen hat Jules Verne zu Papier gebracht, die »Voyages extraordinaires«. Jeden Morgen schrieb er fünf Stunden lang, an seinem Schreibtisch in der Rue Charles Dubois Nummer 2, wo Marithé Cahon inzwischen ein Jules Verne-Museum unterhält.

Doch schon ein Spaziergang durch die Stadt Amiens ist eine außerordentliche Reise en miniature, vorbei am prächtigen Stadtpalais und dann hinter der Kathedrale mitten hinein in das bunte Viertel Saint Leu, das sie hier das »kleine Venedig des Nordens« nennen.

Auch die 300 Hektar großen »Schwimmenden Gärten«, aus denen die Kleingärtner an der Somme bis heute das Frischgemüse für die Marktstände holen, machen Lust auf noch mehr Wasser.

Also sticht das Rockwood-Motorhome ein letztes Mal in Land: hinüber zur Somme-Bucht am Atlantik, dem Endpunkt der Schriftstellerstraße. Es biegt in die Grande Rue von Ault ein, einem Ort mit weißen Kreidefelsen wie in Dover, und hält vor der Bar »Week-End«. Genau gegenüber steht ein altes Haus. Auf seiner Fassade ist, in fünf großen Lettern, geschrieben: Dumas.

»Non, non«, sagt Julienne, die Frau hinter der Barthek: »da hat nie ein Dichter gewohnt.« Die heutigen Bewohner, ganz einfach, heißen Dumas.

Ralph Alex

Das Rockwood-Wohnmobil ist zugleich auch ein äußerst komfortabler Lese-Salon.

Ein Gedicht: Der Rockwood
Der Rockwood Regent R280 EB ist ein amerikanisches Luxus-Motorhome: 8,69 Meter lang, 2,45 Meter breit und 246 000 Mark teuer. Die Firma TSL in Swisttal-Heimerzheim (Telefon 0 22 54 / 8 20 61) läßt den Regent in den USA bauen – exakt nach den individuellen Wünschen der Kunden in Europa. In die Heckgarage paßt sogar ein Motorrad. Angetrieben wird der R280 EB von einem Chevrolet-6,5 Liter-Turbodiesel mit 175 PS. Dessen Durchschnittsverbrauch: 18 Liter pro 100 Kilometer.

>>>

Dichtung und Klarheit: Tips zur Schriftstellerstraße

Wer mit dem Wohnmobil unterwegs ist, der muß nach **Hotels** eigentlich nicht suchen. Trotzdem einige Tips fürs Übernachten: an der Küste das Royal Albion Hotel in Mesnil-val-Plagte bei Le Tréport (ab 100 Mark, Telefon 00 33 / 2 35 86 21 42); in Ermenonville das prachtvolle Hotel Château d'Ermenonville (ab 130 Mark, Telefon 00 33 / 3 44 54 00 26).

Die picardische **Küche** interpretiert das Thema Essen und Trinken auf eine wohltuend einfache Art: viel Gemüse, Fisch und Meeresfrüchte, Pasteten und Meeresfrüchte, Pasteten und Wild. Ein traditionelles Gericht der Picardie ist Lapin au cidre, Hase in Cidresauce. Berühmt ist der Maroilles-Käse.

Als **Sehenswürdigkeiten** sind die Geburts- und Wirkungsstätten der berühmten Dichter und Denker ein Muß: Laon (Marcel Proust), Château-Thierry (Jean de La Fontaine), das Schloß in Ermenonville (Jean-Jacques Rousseau), die schöne Jules Verne-Stadt Amiens und die kleinen Orte in der Somme-Bucht, etwa Ault mit seinen Kreidefelsen.

Auch die Drei Musketiere entstanden in der nördlichen französischen Provinz.

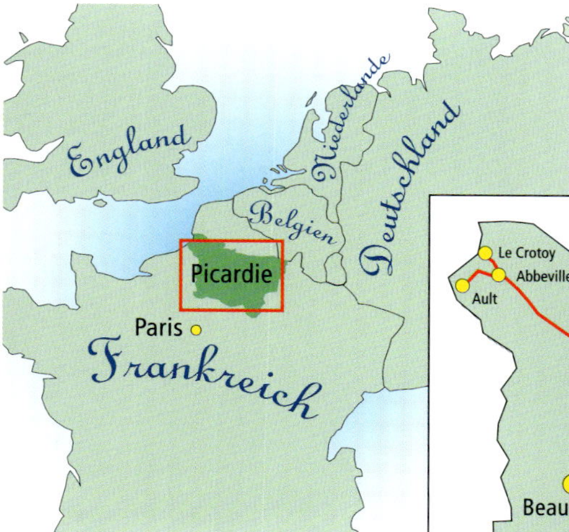

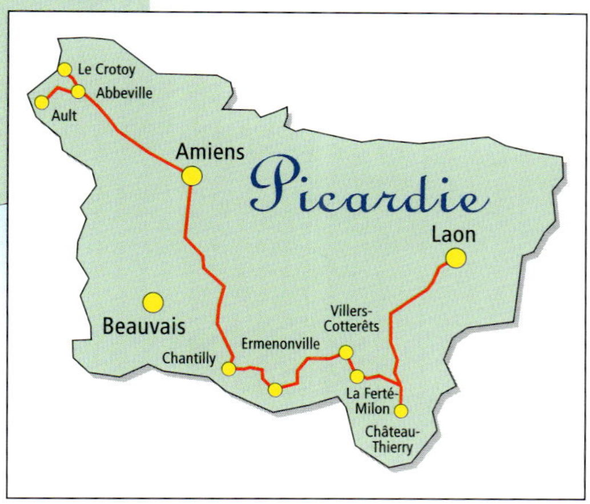

Es gibt keine speziellen **Reiseführer** in deutscher Sprache. Doch der Baedeker Frankreich und der Große Polyglott Frankreich widmen der Region eigene Kapitel mit den wichtigsten Informationen und Reiserouten. Sehr gut sind die Picardie-Broschüren des Französischen Fremdenverkehrsamtes, die auch über Hotels, Camping- und Golfplätze informieren (Westendstraße 47, 60325 Frankfurt, Telefon 0 69 / 97 58 01-48 und -30, Fax 0 69 / 74 55 56).

Zuschauertrip zur Rallye Monte Carlo im Wohnmobil

Der wahre Monte-Fan folgt den Rallye-Autos im Wohnmobil. Sein Ziel ist der Col de Turini, wo im Licht der Scheinwerfer die Nacht zum Tag wird. Französische Reise-Notizen aus dem Gebetbuch.

Schneewälzer: deutsches Wohnmobil-
Camp am Col de Turini.

Anfängerpech. Ein Streckensicherungsauto mit zwei orange blinkenden Dachlichtern kommt uns entgegen und versperrt die von Schneewällen gesäumte Straße. Die beiden Insassen des dunkelblauen Peugeot 309 kennen kein Pardon: Kopfschütteln und

Ortsdurchfahrt in den Seealpen: Toudon liegt am Ende der zweimal gefahrenen Sonderprüfung 14/19.

Handbewegungen signalisieren ein klares Finis. Man zwingt uns, das Wohnmobil auf dem Parkplatz eines verlassenen Hauses abzustellen,

Rallye-Exot Fiat Coupé auf dem Weg nach St. Andéol, südlich von Grenoble.

wo wir weiß Gott nicht hinwollten. Da stehen wir nun neben fünf anderen Autos auf einer Hochebene der Monts du Vivarais und haben gründlich verwachst.

Zum einen ist dies kein besonders attraktiver Streckenabschnitt, sonst stünden mehr Menschen an der Straße. Und zum anderen sind wir mit dem Wohnmobil auf der Sonderprüfung drei, von Burzet nach St. Martial, eingeschlossen. Das wollten wir als Begleiter der Rallye Monte Carlo mit Ausnahme der Nacht auf dem Col de Turini eigentlich vermeiden.

Fährt optimal: Das Dehler Optima-Wohnmobil schnürt von Menton aus über Castillon und Sospel die Straße zum Col de Turini hinauf.

Nun müssen wir von elf bis etwa 17 Uhr warten, bis das letzte von 180 Rallye-Autos über die Eisplatten geschliffen ist. Mehr als der

Fest-Spektakel: die Verabschiedung der Helden zur letzten Etappe und zum Col de Turini.

Besuch einer Sonderprüfung ist deshalb heute nicht möglich.

Dabei hatte alles so gut angefangen. Die Anreise über Basel, Genf und Grenoble nach Valence war durch das kompakte und schnelle Dehler-Wohnmobil auf Basis eines verlängerten VW T4-

Schneematsch und naßkaltes Wetter erwartet die Rallye-Autos in den Bergen.

Kastenwagens geradezu ein Vergnügen. Der 102 PS starke Turbodieselmotor und das strömungsgünstige Hochdach verlangten von uns eiserne Tempodisziplin, denn mehr als 140 km/h wären machbar gewesen.

Im nächtlichen Valence, das am Rallye-Fieber zu kollabieren drohte, wirkte das futuristische Design des Wohnmobils wie ein Durchfahrtschein. Sogar das Parken auf dem Presseparkplatz, nicht weit entfernt von der Sperrgitter-Fahrgasse für die Rallye-Autos, war mit dem Dehler Optima kein Problem. Die Fans bejubelten und beklatschten die Autos der Rallye-Helden auf ihrer Fahrt zur ersten Sonderprüfung, als wären es die Beatles auf dem Weg in die Carnegie Hall.

Und nun das, Zwangsparken in der Sonderprüfung. Auch der graue Himmel, die Temperaturen um null Grad und der meterhohe, zentnerschwere Pappschnee drücken auf die Stimmung. Vergnügen bereitet wenigstens der Umstand, daß die Franzosen in freier Natur eines am liebsten machen: essen.

Zum Beispiel der echte Rallye-Bonvivant mit Sinn fürs Kulinarische. Er kocht für sich und seine Freunde über dem Feuer einer in den Schnee gebetteten Gasflasche ein delikates Ragoût fin. Es entstammt einer kübelgroßen Konserve. Dazu gibt es meterlange Baguettes und

Am Hafen von Monaco glänzen noch die Boliden in ihrer frisch geputzten Pracht.

trockenen Rotwein aus dem Schneekühler mit einem überaus erfrischenden Bouquet.

Beinahe hätte man den Anlaß des Winter-Picknicks vergessen, wenn nicht plötzlich fünf Hubschrauber am Himmel für Aufregung gesorgt hätten. Hastig werden die Münder abgewischt und das Eßgeschirr weggepackt. Und schon kommt das erste Rallye-Auto herangejagt, wetzt über Eisplatten und splittbedeckten Asphalt, zirkelt millimetergenau an den Schneewällen vorbei. Der

Der Optima 5.4 von Dehler ist dank Huber-Turbo der Ferrari unter den Wohnmobilen.

Anblick erwärmt die Seele, Calvados und Rotwein den Leib.

Neuer Tag, neues Glück. Diesmal nähern wir uns über

Der Col de Turini erfordert wenig Fahr-Finesse, bietet aber viel Platz für das jubelnde Publikum.

eine Zufahrtsstraße der Rallye-Piste.

Unser Ziel ist die Sonderprüfung acht, von Prélenfrey du Gua nach St. Michel-les-Portes, südlich von Grenoble.

Von St. Guillaume aus erreichen wir auf einer fels- und waldreichen Bergstraße

Französische Lebensart prägt den Alltag der Rallye-Besucher. Essen wärmt auf, vertreibt die Zeit, und es macht satt.

die verschneiten Obstgärten von St. Andéol und parken etwa 2000 Meter von der Rallye-Piste entfernt. Näher kommen wir nicht ran, denn noch andere Zuschauer hatten diese Idee.

Doch der Marsch hat sich gelohnt. Wir überqueren die

Rallye-Piste und wandern auf einer Loipenspur in Richtung St. Andéol. Die Sonne scheint, der Himmel ist blau, und zehn Meter neben uns preschen mit etwa 150 km/h die Ford, Mitsubishi, Subaru und Toyota der Spitzenteams

Deutsche Lebensart spiegelt sich im peniblen Freiräumen des Wohnmobilzugangs wider, auch auf dem Col de Turini.

Das Schild zeigt, von wann bis wann die Straße für Sonderprüfungen gesperrt ist. Polizisten dienen vor allem zur Dekoration.

vorbei. Wir hören den Kies in den Radhäusern klickern, die Karosserien dumpf über Eisplatten rumpeln.

Von St. Andéol aus, das eine enge, für die Rallye-Piloten nicht einsehbare, verwinkelte Ortsdurchfahrt bereithält, wandern wir zum Wohnmobil zurück und folgen der Rallye gen Süden nach Monte Carlo.

Dabei stellen wir fest, daß auf den Verbindungsetappen in vier verschiedenen Rennklassen gefahren wird: Rallye-Autos, Zuschauerautos,

Service-Transporter und am langsamsten: die Alkoven-Wohnmobile.

Dank Turbopower halten wir das Tempo der Service-Transporter mit. Bis Serres duellieren wir uns am Rande der Kippgrenze mit einem blauen Peugeot-Kastenwagen. Ganz klar: Der Col de Turini ruft mit unwiderstehlicher Macht.

Nur Serres hält uns mit einem Stau, einer willkommenen Cafépause in der mit Rallye-Piloten gut besetzten Bar La Pignolette und einer unüberschaubaren Menge an Autos noch etwas auf.

Übernachtung an der Küste in Menton. Am Morgen dann die Fahrt auf den Col aller Cols, von null auf 1607 Höhenmeter in nur zwei Stunden.

Wir sind gegen 14 Uhr am Col de Turini, Teil der Sonderprüfung 16 von Moulinet

Trotz vieler Zuschauer überwiegen die einsamen Pisten.

Das moderne Monaco bildet einen starken Kontrast zur kargen Bergwelt der Seealpen.

nach La Bollène angekommen.

Enttäuschung macht sich breit. Hier also soll das Weihefestspiel des heiligen Rallye-Grals stattfinden, hier auf diesem von Doppelleitplanken, Bretterbuden und drei Gasthäusern flankierten, gerade mal 150 Meter langen, schneefreien Asphaltstreifen?

Wenigstens finden wir einen akzeptablen Platz für das Wohnmobil, gerade eine Gehminute von der Rallye-Piste entfernt auf der Straße zum Mont l'Authion. In der Nachbarschaft von zwei Fiat Ducato-Wohnmobilen, bevölkert von wenigstens zehn Monte-besessenen Hessen, richten wir uns für die kalte Nacht ein.

Wilhelm von der Hessen-Truppe modifiziert an einer kurvenreichen Schneefrau noch etwas den Busen und genießt wie die anderen die wärmende Bergsonne. Sie seien schon das fünfte Mal am Col. »Immer nur mit Miet-Wohnmobilen«, räumt er ein, »meinem eigenen Camper möchte ich die Paßfahrten und das ewige Parkplatzrangieren ersparen.«

Der Strom von Autos und

Wohnmobilen, der an unserem Dehler Optima vorbei zum Parken die Straße hoch zieht, reißt bis in die Nacht hinein nicht ab. Die weiße Natur-Arena rund um die Gerade, die zusammen mit einer Rechts- und einer Linkskurve das Col de Turini-S bildet, füllt sich mit Menschen.

Es herrscht Volksfeststimmung. Carlos Sainz- und François Delecour-Fans liefern sich Ruf-Duelle: »Carlos, Carlos! François, François!« Schneebälle fliegen durch die Luft, bis die Rallye-Piste knöchelhoch mit Schnee bedeckt ist. Gegen Mitternacht ist mit dem ersten Rallye-Auto zu rechnen.

Zorniges Motorengebrüll kündigt den blauen Subaru von Carlos Sainz an, der plötzlich wie ein wilder Stier in der Rallye-Arena auftaucht. Jubelschreie und Blitzlichtgewitter. Doch Sainz bremst seinen Subaru ab und schleicht wie ein geprügelter Hund über die dünne, ihm heimtückisch erscheinende Schneedecke.

Ja gibt's denn so was? Unwillkürlich brülle ich ein lautes »Flasche« in die kalte Nacht hinaus und stimme in den Chor der tausendfachen »Buhs« mit ein. Vergessen sind das Anfängerpech und die vielen Strapazen, das Monte-Fieber hat mich gepackt.

Franz-Peter Hudek

Länge läuft: Dehler Optima 5.4
Das kompakte Wohnmobil mit aerodynamisch gestaltetem Dachaufbau und verlängertem Heck basiert auf dem bewährten T4-Kastenwagen von VW. In der Heckverlängerung befindet sich auch eine Naßzelle, so daß der Dehler Optima 5.4 als das wohl kompakteste Komplett-Wohnmmobil bezeichnet werden kann. Viele Ideen des sachlich-frischen Innenausbaus entstammen dem Yachtbau. Die Preise des mit verschiedenen Motor-Varianten lieferbaren Streamliners beginnen bei 72 000 Mark.

>>>

Wo fahren Sie denn? Tips für den Rallye-Besuch mit dem Wohnmobil

Für die Zuschauer einer Rallye gibt es grundsätzlich **zwei Möglichkeiten, an die Rennpiste zu gelangen.** Erstens: Man fährt die noch nicht gesperrte Straße der Sonderprüfung mit dem Auto ab, um sich neben der Piste einen Parkplatz zu sichern. Während der Sonderprüfung und der Vorbeifahrt der Rallye-Autos kann man dann zu Fuß seinen Standpunkt wechseln. Auch das Überqueren der Rennstrecke ist in aller Regel möglich. Nachteil: Der Rallye-Besucher muß sehr frühzeitig vor Ort sein, da bereits etwa eineinhalb Stunden vor dem Start die Piste gesperrt ist. Außerdem kann der Parkplatz erst verlassen werden, wenn das letzte Rallye-Auto durchgefahren und die Straße für den Verkehr wieder geöffnet ist, was bei der Rallye Monte Carlo bis zu vier Stunden dauern kann.

Zweite Möglichkeit: Der Besucher erreicht über eine nicht gesperrte und in die Sonderprüfung mündende Straße die Rallye-Piste. Auf diese Weise kann man mit seinem Auto den Parkplatz jederzeit verlassen und zur nächsten Sonderprüfung weiterfahren. Nachteil: Es sind oft lange Fußmärsche bis zur Rallye-Piste zu absolvieren, weil deren Zufahrtsstraßen manchmal kilometerlang zugeparkt sind. Das gilt vor allem für die Besatzungen von großformatigen Wohnmobilen.
Wichtigste Voraussetzungen für einen lohnenden Rallye-Besuch sind ein Beifahrer mit Erfahrung im Kartenlesen und **Straßenkarten** mit eingezeichnetem Verlauf von Sonderprüfungen und Verbindungsetappen. Französische Sport- und Motorsport-Magazine wie etwa »L'Equipe« oder »Echappement« bieten hervorragende Supplements mit allen notwendigen Karten und Streckenbeschreibungen. Dazu die beiden

Michelin-Karten Nr. 244 und 245 (jeweils 14.80 Mark). Das **Wohnmobil** für den Monte-Besuch sollte neben der Standardausrüstung zudem über Winterreifen, Schneeketten, eine Stand- und Brauchwasser-Heizung und eine Sanitäreinheit verfügen sowie über Unterleghölzer für den Niveau-Ausgleich und mehrere Schneeschaufeln. Die Insassen sollten viel Geduld und gute Laune mitbringen.

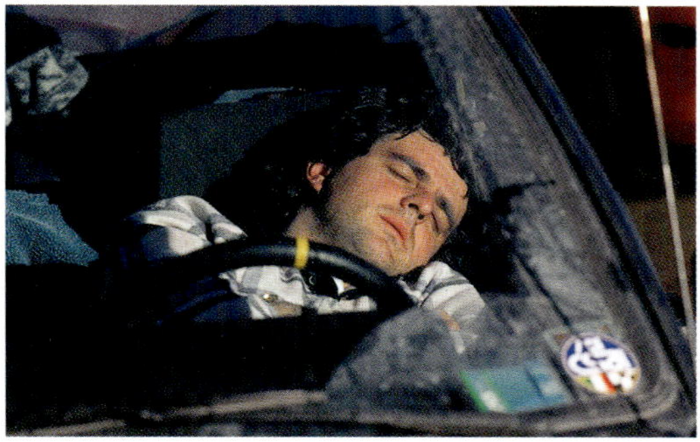

Völlig erschöpft: der wahre Rallye-Fan schont weder sich noch sein Fahrzeug.

Ski-Ausflug von Nizza in das Skigebiet Isola 2000

Über den Dächern von Nizza stehen verführerisch nahe die glänzenden Schneegipfel der Seealpen. Yörn Pugmeister nahm das Petit déjeuner unter Palmen, schnallte Skier auf seinen Mercedes SLK und fuhr in das Skigebiet Isola 2000.

NIZZA/ISOLA 2000

Start zum Skilauf vor dem Nobelhotel Negresco in Nizza.

Der Plan steht fest. Nach all den Jahren an der Côte, wo die schneebedeckten Berge über Nizza nur als verlockende Kulisse dienten, soll in diesem Winter endlich Ernst gemacht werden: Hinauffahren im Mercedes SLK und dort oben Ski laufen, was für ein Traum.

Wer jedoch dem unschuldigen Weiß der leuchtenden Berge über dem Meer mißtraut, der kann den Hafen von Nizza ansteuern, den Yacht-Club. Dort hängt jeden Morgen um sechs Uhr eine aktuelle Wettervorhersage. Steht Südwind angeschrieben, leiden die Pisten im Hinterland. Dann empfiehlt es sich, unter den Palmen der Promenade des Anglais oder am Strand zu bleiben.

Fliegen die Windpfeile auf der Wetterkarte aber aus Osten, liegt gar ein Hoch über dem Mittelmeer, dann sollten die Skier aufs Dach. Ohne Zögern, denn am Wasser und in den küstennahen Bergen schlägt das Wetter schnell um.

Auf dem Träger des Mercedes SLK lassen sich mehr Bretter festzurren, als für die maximal zwei Wintersportler, die in den Roadster-Innenraum passen, nötig sind. Skistöcke werden im Kofferraum quer untergebracht, dazu alles Gepäck: Wenn Skiträger montiert sind, muß das SLK-Dach geschlossen bleiben, und der ordentlich dimensionierte Kofferraum kann ohne Einschränkung das Wintergepäck aufnehmen.

Bereits unter den Palmen der Promenade fällt das Heulgeräusch der Dach-Skiträger auf: Da sägen sich lautstark Gitter-Strukturen mit der Aerodynamik einer Wandgarderobe von Ikea durch die milde Mittelmeerluft.

Doch irgendwann, nach 20, 30 Kilometern, hört man auf hinzuhören. Dann ist, nach Verlassen der Stadt Nizza mitsamt ihren unsäglichen Supermarkt-Ballungen in

Der Hotel-Portier wünscht Gute Fahrt.

Flughafennähe, bereits das Var-Tal erreicht. Man rollt flußaufwärts, im Winter oft nur flußbettaufwärts: Zu spärlich rinnt in dieser Jahreszeit das Wasser durch den Kies.

Links und rechts der Nationalstraße 202 türmen sich Bergflanken, bekrönt von mittelalterlichen Orten. Viele von ihnen lohnen die Abfahrt von der Hauptstraße.

Nach wenigen Serpentinen-Kilometern zwischen Olivenbäumen und winzigen Äckerchen hinter Natursteinmauern findet sich der Reisende unmittelbar in nicht sonderlich intensiv bewohnten, mittelalterlich wirkenden Provence-Dörfern mit feinstem Fernblick.

Der Flecken Gilette etwa scheint nur mittwochs zu leben, wenn Markt ist. Bonson, mit einem rosa Bürgermeisterhaus, hat nicht einmal Platz für eines der allgegenwärtigen Kriegerdenkmäler: Nur eine Metallplatte mit vielen Namen ist in den Felsen geschmiedet.

Utelle wacht wie ein Auge über die Mündung des

Ski unter Palmen? In Nizza am Fuße der Alpen kein Witz.

Vésubie-Flusses in den Var. Seine Einwohner gelten als blasiert und als Rüpel: Im Mittelalter hatten sie das Privileg, sich lange Schwerter an die Gürtel zu hängen – was sie natürlich ungehemmt taten –, während ihre Nachbarn mit kurzen Dolchen zufrieden sein mußten. Als besonders fromm gelten die Herren von Utelle allerdings auch, schließlich errichteten sie oberhalb ihres Dorfes einen Madonnenschrein.

Am Zusammenfluß von Tinée und Var muß sich der Roadster-Fahrer dann entscheiden: entweder rechts ab von der Hauptstraße und die D 2205 hoch. Oder aber dem breiten Teerband bis Touët folgen und anschließend durch felsige Cians-Schluchten in Richtung Norden fahren. Endziel beider Routen ist in jedem Fall St. Sauveur, von wo aus es nur mehr einen einzigen Weg hinauf in die Skiregion Isola 2000 gibt.

Der direktere Weg hat zweifellos seinen Reiz, und der heißt: Lou Chabot. Das ist eine Kneipe, ein Parkplatz mit ein paar Mülltonnen rechts im Fels, ein Tante-Josephine-Laden, eine Konditorei, eine Absteige. Diesen Platz direkt an der Chaussee, hinter dem Örtchen Marie, nennen manche auch La Bollinette.

Wie auch immer, jeder weiß, was gemeint ist: Duft von frisch gebackenem Brot. Aroma von weich gedünsteten Zwiebeln auf der warmen Pissaladière. Gelb der gemahlenen Maiskörner auf der Socca vom fettigen Eisenblech. Frische Ravioli. Riesenpizzas mit Tomaten aus dem Holzofen.

Kenner halten, kaufen ein, so schnell es geht, denn Parkraum ist rar in der Felsschlucht. Früher, als die Rallye Monte Carlo wenige Kilometer entfernt durch den Ort St. Sauveur führte, gab es immer Teams und Service-Männer, die sich die Nacht der langen Messer auf dem nahe gelegenen Col de Turini

Das moderne Skigebiet Isola 2000 besitzt neben vielen Pisten noch andere Schnee-Vergnügungen.

mit den Crêpes von La Bollinette verkürzten.

Wüster, stiller, weniger befahren und im Winter nicht immer rutschfrei ist der zweite Weg vom Meer in den Schnee von Isola 2000. Im Cians-Tal wurde jene Verbindung, die D 28, regelrecht aus dem Felsen gebissen: Galerien, bogige Brücken über Sturzbäche, enge Ecken folgen dicht aufeinander – aber Leitplanken sichern überall. Oberhalb der Flußschlucht stehen erneut Dörfer, noch ein wenig verlassener und älter als die im Var- oder Tinée-Tal.

Zum Beispiel Rigaud. Es hat 30 Einwohner im Winter und 100 im Sommer. Es wurde im 13. Jahrhundert von Tempelrittern gegründet, die der deutsche Kaiser dem Papst in die Provence schickte, um die räuberischen Sarazenen unten am Meer zu kontrollieren.

Völlig anders ist dagegen die Population am Zielort beschaffen, in der höchstgelegenen Skistation der Südalpen, Isola 2000. Winters sind dort über 1000 Mitarbeiter engagiert, um 25 Lifte und Sesselbahnen zu pflegen, 45 verschiedene Pisten zu sichern, 165 Schneekanonen bei Bedarf auf Dauerfeuer zu halten und Tausende von Gästen zu bändigen.

Dominique Fantino, Tourismus-Chef, sagt: »Zum Glück liegt die Station über 2000 Meter hoch, so daß es zum Skifahren kalt genug ist. Fehlenden Schnee können wir mit den Kanonen ranschießen.« Seine Seealpen-Konkurrenten Roubion, Valberg, Auron, Beuil und die älteste Station der Côte, Peïra-Cava, liegen weit niedriger, haben entsprechend weniger Schnee und weniger Gäste.

Nur in Isola existiert eine Renn-Fahrschule in einem Eis-Oval, in dem schon Rallye-As Ari Vatanen und Formel 1-Pilot Jacques Laffite trainierten. Entweder mit dem eigenen Auto, mit dem Leihwagen oder einem spikebereiften Kart kann gefahrlos zwischen Schneewänden geschlittert werden. Wobei Unbespikte mehr das Gleiten als das Fahren auf Eis erler-

Wilde Motorschlitten-Touren sind sowohl am Tage wie auch bei Nacht möglich.

nen, auch dann, wenn sie wie beim SLK alle Traktions- und Bremshilfen sowie High Tech-Winterreifen bemühen.

Nur in Isola darf mit Motorschlitten tagsüber off-road geknattert werden – von dem Vergnügen, nachts mit

Ankunft im Schnee: Nach etwa eineinhalb Stunden ist die Skiregion erreicht.

80 km/h auf Motorschlitten über die dann leeren Skipisten zu jagen, ganz zu schweigen.

Der Hardtop-Roadster: Mercedes SLK 230 Kompressor
Dank seines genialen Stahldachs, das sich auf Knopfdruck zusammenfaltet und im Heck verschwindet, erweist sich der SLK mit geschlossenem Dach als laufruhiger Reisewagen mit akzeptablem Kofferraum-Volumen. Der 193 PS starke Vierzylindermotor mit Kompressor-Aufladung erlaubt auch auf längeren Autobahn-Etappen ein zügiges Tempo. Bevor sich das Coupé in einen Roadster verwandelt, muß jedoch das Gepäck im Hotel untergebracht sein, weil das Dach ungefähr ein Drittel des Kofferraum-Volumens für sich in Anspruch nimmt. Der Mercedes SLK 230 Kompressor kostet 65 000 Mark.

Entsprechend spät setzt hier oben das nächtliche Schweigen ein. Erst wenn Le Crocodile das letzte Techno-Wummern abstellt, wenn die Pistenraupen in den Stall

Eilige Skiläufer kommen von Nizza mit dem Helikopter in die Berge – Flugzeit 15 Minuten.

gescheppert sind, wenn das Surren der Schneekanonen aufhört, dann wird es still in den Bergen. Dann liegt die Station zwischen dem Mont St. Sauveur und dem Col de la Lombarde endlich ruhig unter kalten Sternen.

Und holt Atem für den nächsten Tag, an dem wieder Gäste von der Côte hochkommen, mit dem Auto nach rund 90 Minuten Fahrt von Nizza aus. Oder jet-settiger mit dem Hubschrauber-Shuttle vom Flughafen in Nizza: Die 55 Kilometer Luftlinie klappert die Maschine der Heli Air Monaco in 15 Minuten ab. Der Spätaufsteher-Tarif für vier Personen vom Meer zum Schnee liegt bei 1800 Mark.

Yörn Pugmeister

Skifahren an der Côte: Reisetips

Die **Anreise** nach Isola 2000 erfolgt von Nizza aus über die gut ausgebaute N 202 im Var-Tal. Ab Pont de la Mescla dann entweder durch das Tinée-Tal (D 2205) über St. Sauveur direkt nach Isola. Fahrzeit etwa eineinhalb Stunden. Oder dem Var weiter bis Touët folgen, um über die D 28 nach Beuil und von dort nach St. Saveur zu gelangen. Diese Variante ist besonders romantisch.

Die **Schneesaison** in Isola 2000 dauert von Mitte Dezember bis Mitte April. Außer Skifahren – der Hauptsaison-Wochenpaß für einen Erwachsenen kostet 220 Mark – locken noch andere Aktivitäten: Heliski zu Pulverschnee-Hängen in den italienischen Alpen, Fahren mit spikebereiften Eis-Karts oder mit dem eigenen Auto im Eis-Oval. Motorschlitten-Touren führen off-road durch die Winterlandschaft und nachts im Flutlicht auf die Skipisten. Dazu Ausflüge mit Hundeschlitten sowie Schneeschuh-Exkursionen.

<<<

Das **Übernachtungsangebot** in Isola 2000 ist vielseitig. Sehr elegant dekoriert im

Auch Snowboarder sind in den Schneebergen der Côte d'Azur willkommene Gäste.

INFO NIZZA/ISOLA 2000

Chalet-Stil mit französischer Küche Le Diva (zirka 450 Mark das Doppelzimmer ohne Frühstück). Wintersportlich und eher rustikal: Le Chastillon, Le Pas du Loup und Druos (zirka 200 bis 400 Mark). Familienfreundlich sind Wohnungen in Residenz- und Appartementhäusern (je nach Größe und Saison zirka 600 bis 1500 Mark die Woche). Weitere Infos zu Isola 2000 unter Tel. 00 33 / 49 32 31-5 15, Fax: -4 25. Das Doppelzimmer in Nizzas Nobel-Hotels Negresco mit Möbeln aus drei Jahrhunderten kostet 750 Mark.

Das Angebot an **Reiseliteratur** für das Traditionsziel Côte d'Azur ist umfangreich, während die französischen Alpen nur unzureichend dokumentiert sind. Hier helfen der Großen Alpenführer des ADAC (79,90 Mark) oder das RV Reisebuch Alpen (29,80 Mark) weiter. Empfehlenswerte Côte- und Provence-Bücher von Baedeker (29,80 Mark), Michael Müller-Verlag (39,80 Mark), Dumont Richtig Reisen (39,80 Mark) und Vis à Vis (RV-Verlag, 48 Mark). Die beste Karte mit allen Nebenstrecken: Michelin Nr. 115, Französische Riviera (12,80 Mark).

Traumziele gefällig?

Die Reihe »Wohnmobil-Reisen kompakt«

Prager/Höh
Deutsche Alpenstraße
236 Seiten,
153 Farbbilder, 6 Karten
Bestell-Nr. 01807

Prager/Höh/Jaath
Deutsche Ostseeküste
192 Seiten,
112 Farbbilder, 8 Karten
Bestell-Nr. 01833

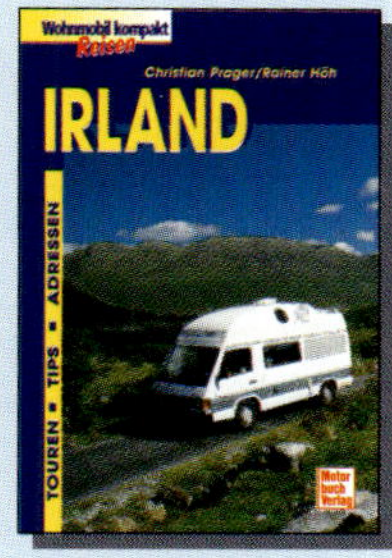

Prager/Höh
Irland
192 Seiten,
128 Farbbilder, 7 Karten
Bestell-Nr. 01834

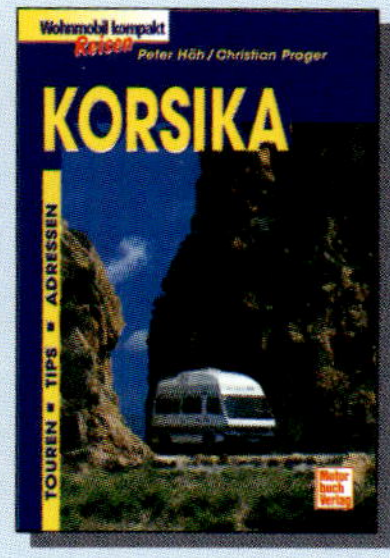

Höh/Prager
Korsika
160 Seiten,
99 Farbbilder, 8 Karten
Bestell-Nr. 01871

Jaath/Prager/Höh
Sardinien
256 Seiten,
148 Farbbilder, 7 Karten
Bestell-Nr. 01808

S. und W. Schwanfelder
USA – Der Westen
160 Seiten,
100 Farbbilder
Bestell-Nr. 01876

Peter + Rainer Höh
Istrien und Dalmatien
160 Seiten,
122 Farbbilder, 6 Karten
Bestell-Nr. 01908

Prager/Stein
Neuseeland
160 Seiten,
100 Farbbilder, 7 Karten
Bestell-Nr. 01909

Rainer Waterkamp
Südafrika
160 Seiten,
112 Farbbilder
Bestell-Nr. 01775

Jeder Band der Reihe DM 29,80

Motor buch Verlag

IHR VERLAG FÜR AUTO-BÜCHER
Postfach 10 37 43 · 70032 Stuttgart
Telefon (0711) 2108065 · Telefax (0711) 2108070

Stand Mai 1999
Änderungen in Preis und Lieferfähigkeit vorbehalten